70歳からの手ぶら暮らし

松原惇子

はじめに
わたしたちは、何も持たなくても、いつでもどこでも幸せになれる

◉持ち家がない、身寄りがない、年金が少ない。ないない尽くし

65歳で持ち家を手放し、75歳で愛猫を亡くし、母を亡くし、ひとり身で身寄りもなく、国民年金で年金額も少ない、ないない尽くしのわたし（わたしの「手ぶら暮らし」の詳細は1章で）。傍から見たら不幸の条件が重なって見えるかもしれないが、強がりでもなんでもなく、実際は違う。毎日を機嫌よく暮らしている。

「日本人の遺伝的性格の特徴は、ものごとを悲観的にとらえることだ」と、ある

経済アナリストの方から聞いた。そう言われてみれば、欧米の福祉施設などを視察したときに「老後の不安は？」と質問したところ、一笑に付《ふ》され驚いたことがあった。一方、日本人は、総じて不安症と言ってもいいほど、不安な人が多いように思う。

日本人はお金があっても不安、住む家があっても不安、体力が落ちても不安、血圧が上がればもっと不安、そして、家族のある人もない人も、ひとりで迎えるだろう老後の不安を抱えている。

わたしも日本人なので気持ちはわからないではないが、果たして、それでいいのだろうか。不安を抱えたまま人生を終わっていいのだろうか。

●幸せって条件じゃないのよ

しかし、そんな後ろ向きな人ばかりではないはずだと思い、老後の明るい方に焦点を当てて、この本を書いてみた。

本書には、わたしを含め、ないない尽くしの「手ぶら女性たち」が多く登場する。

身寄りもなく賃貸住宅暮らしだったり、90歳過ぎてもひとり暮らしだったり、貯金が0円だったり、条件だけをあげると不幸の掛け合わせのように感じるだろうが、実際は……。あとは読むときのお楽しみとしておこう。

わたしが大事にしている言葉は「幸せって条件じゃない」である。講演会では、この言葉を連発し、歌まで披露している。

わたしはこの場を借りて、あなたの不安混じりの心に届くように大きな声で言いたい！

「幸せって条件じゃないのよ！　何もなくても大丈夫よ。がんばってね」と。

幸せになるのも不幸になるのも、持ち物の数ではなく、自分の心の持ちようだと思う。77歳で借家、ひとり暮らしのわたしが言うのだから本当よ。その真意を、本書から汲み取っていただけたら嬉しい。

70歳からの手ぶら暮らし◎もくじ

1章

わたしの「手ぶら暮らし」——すべてを捨てたらラクになった

2章

「お金」がなくても豊かな人生
――貯金0円でも、収入1万円でも。幸せな気持ちになる「お金の使い方」

3章

「家」に縛られないと、こんなに自由！

――「賃貸」でも「自宅」でも「施設」でも。楽園はあなたが作るもの

5章

「孤独」こそ最高の老後
――「ひとり」が一番自由で幸せ

※本書に出てくる年齢は執筆時のものです。

1章

わたしの「手ぶら暮らし」

——すべてを捨てたらラクになった

死ぬまで暮らすつもりのマンションを65歳で手放した

◉「持ち家」は安心したひとり老後の必須条件

39歳のときに、シングルで老いていく不安を赤裸々に書いた『女が家を買うとき』（文藝春秋）で物書きデビューし、シングル女性がマンションを買うブームを作った張本人のわたしが、65歳で自宅マンションを手放すことになるとは、まったく想像しなかったことである。

自由業のわたしは、国民年金の身なので、ローンを完済し、家賃のかからない自分のマンションに住み続けることは目標でもあり、安心したひとり老後を暮らす上での必須条件でもあった。

さあ、これから、住宅費のいらないこの家で、どうやってひとり暮らしを完結させようかと、思いを巡らして楽しんでいた矢先に、どん底に叩き落とされる事件が起きたのだ。

◉「自立の証」のマンションを失った

このときほど、人生とは自分の予定通りにはいかないことを突きつけられたことはなかった。終の棲家のつもりで購入し、死ぬまで暮らすつもりでいた大事なマンションのわたしの部屋で、漏水が起きたのだ。最初のうちは、修理すれば元にもどるかと思いきや……。ああ、思い出しただけで胃が痛くなる。

漏水の原因は、マンションの構造上の問題もからんでいて、以前からあったようだが、わたしは騙されて購入してしまったのかもしれない。ことは簡単ではなかった。管理組合の理事や管理会社に何度も掛け合って修繕をお願いしたが、形だけの修繕だったり、また女のひとり暮らしだからと甘く見られたりで、理事たちは、まともに取り合ってくれない。

このときほど、女のひとり暮らしの弱さを痛感させられたことはなかった。もし、体格のいい夫か息子がいたら相手の対応も違っていたはずだ。まあ、夫もいろいろで役にたたない夫も世の中にはいるが、こういうときは、とりあえず男ならそれでいい。

思い出すだけでぞっとするほどの漏水、理事たちの女性蔑視の冷たい態度。その日の雨の降り方、方向にもよるが、ゲリラ豪雨が東京を襲った日に、玄関のドアを開けた瞬間、天井から水がザアーと落ちてきたときには悲鳴を上げてしまった。

水は廊下の壁に伝わり壁紙がめらめらと剝がれているではないか。キャー！

怖い！　どんどん部屋に浸入してくる生き物のようだ。

雨が降るたびに気持ちが不安定になり、だんだん仕事にも支障をきたすようになった。あんな理事のおやじたちと関わっている時間はない。トラブルに弱いわたしは二束三文でいいからマンションを手放すことを決意する。もう、損とか得とか言っている場合ではなかった。

しかし、マンションを手放したら住むところがなくなる。急な出来事だったことと猫がいたこともあり、取り急ぎ、猫がいることを伏せて、近くの賃貸マンションを借りようとしたが、契約寸前で断られる。理由を聞くと、若い人に貸したいとのことだった。思わず、「うちの娘（猫）は若いわよ」と言いそうになったがやめた。

そこで、友人のアドバイスもあり、実家の2階に緊急避難することにしたのだ。こういうときに、実家が近くにあるのはありがたいことだが、大学を卒業して家を出てからは、一度も実家に住んだことがなかったので、自立の証でもあるマンションを失ったショックは計り知れなかった。

不動産業界の用語で、持ち家のない人を「家なき子」と呼ぶそうだ。女が家を買うことを提唱した本人が、25年後の65歳で「家なき子」になると、誰が想像しただろうか。

●ヴィトンのバッグも捨てた、ミンクのコートも捨てた

部屋が広く、家具やインテリアにこだわった生活をしていたこともあり、引越は気の遠くなるような作業となった。持っているものをほとんど捨てないと、実家の2階に収まるはずもない。もったいないとモノへの執着を持ったら先に進まない。考えていたら前に進めない。しかし、不思議なもので、あれほど愛していた自分の家だったが、売ると決めたら、離婚と同じで未練はなかった。でもさすがに、何もないガランとした室内を見たときには、涙があふれた。

過去の著作の中でも書いたが、パリで買ったルイ・ヴィトンのボストンバッグ、

ショルダーバッグ、書類を入れるセカンドバッグも、母から譲り受けたミンクのロングコートも、わたしが買ったきつねのハーフコートも、大量の本も、マンションのゴミ置き場に捨てた。

実家に運ぶ大きな家具は、テーブルセット、ベッド、ソファの3点だけ。あとは、引越業者の4トントラックが全部持ち去った。感傷的になんかなっていられない。もったいないなんて言っていられない。気が狂ったように捨てた。

「もってけ、泥棒!!」。おそらく、引越業者はリサイクルショップに売って儲けるのだろうが、そんなことを想像して何になろうか。好きで集めた大好きなモノがゴミとして扱われる。その様を見ていて辛い気持ちにさせられたが、この悲しい体験から、「もうモノは買うまい」と固く心に誓った。その証拠に、実家で暮らした最初の1年間は、一度もデパートに立ち寄ることもなく、モノを見る気にまったくなれなかった。

愛猫の死と母の死と。76歳のひとりぼっち

◉気が付くと、後期高齢者に

自分のマンションで室内を好きに飾り、友達を呼んで楽しく暮らしていた生活から、猫と実家の2階で小さくなって暮らす生活に一変したことになるが、ひとり暮らしをしていたときには気づかなかった発見がたくさんあり、そういう意味では学ぶことが多かった。以前、お坊さんから「ひとりというのは偏った生き方

です」と言われ、むっとしたことがあったが、その言葉の意味がわかるようにもなった。

「おはよう」と朝、挨拶する人がいるのは素敵なことだ。「行ってきます」「お帰りなさい」「ありがとう」。そんな日常の些細な会話が、キラキラしたクリスタルのように感じた。

母との40年以上ぶりの生活に慣れることと、自分の終の棲家をどこにするかなどについて考えているうちに、月日がたち、コロナ禍によりわたしの考え方も社会の状況も変わってきた。

気が付くとわたしは75歳、後期高齢者になっていた。75歳と言えばいつ死んでも驚かれない年齢だ。若い人からみたら完全にお婆さんの年齢だ。現実に振り回されて暮らしているうちに、ずいぶん、遠くまできてしまった。

わたしには、「ひとり暮らしに戻りたい気持ち」と、「いまさら引っ越してどうするのかという気持ち」と、「次に引っ越すなら老人ホームじゃないのかという気持ち」との三者の狭間で迷いに迷っていた。普段は、即行動のわたしにしては珍しく、決断ができないまま月日だけが経っていった。これが老いるということだろう。

また、母の方にも変化があり、90代になっても頭も体も元気だった母が、94歳になったあたりから転んだり、顔を打ったりするようになり、わたしは、実家を出るタイミングを完全に失っていた。

そして、考えに考えたあげく出した結論が、母が生きているうちは、このままの生活を続けるが、お互いが窒息しないためにも、わたしがひとりになれる部屋を借りることにした。たまたま近くにUR賃貸住宅があったので、すんなりと契約することができた。

ひとり暮らし歴が長いと、家族とはいえ、他人と同じ屋根の下で暮らすことは難しい。外で会っているときは自慢の母だったが、同じ屋根の下になってからは嫌いになりそうになった。

大切な人とは距離を置くのがいい。くっついてはだめだ。よい関係を維持するには、ほどよい距離が必要だ。

◉そして、ひとりぼっちになった

そんなはっきりしない日常を送っていたときに、一番大切な相棒、愛猫のグレちゃんが13歳で亡くなるという悲劇にみまわれた。東京のマンションから埼玉の実家に文句も言わずに一緒に引っ越してくれたグレちゃん。いつもそばにいて癒してくれたグレちゃん。実家で暮らせていけたのも、グレちゃんがいたからだ。

亡くなる前日の朝、いつもならわたしの顔を嚙んで起こしにくるのに、その日は黙ってわたしの耳元に座りわたしの顔をじっと見ていた。それがお別れだった。

「ごめんね。いい子だったね。大好きだったよ。ありがとう」

そして、不幸は重なるもので、グレちゃんが亡くなった翌年に、今度は母が亡くなった。97歳を迎える1週間前の死だった。突然の死だったこともあり、死後の手続きやら、遺品整理やらで、おおわらわ。火事場の馬鹿力とはよく言ったもので、自分でもどうやってやり遂げたかわからないが、やり遂げた。

母のことが一段落して、シーンとした借りていた部屋にもどると、それまでは居心地のよかった部屋が、無彩色に感じられた。

わたし、いったい何をやっていたのだろうか。何をめざして生きてきたのだろうか。

誰もいなくなり、ひとりぼっちになってしまった。

かじりつく木も生えていない冬の荒野で、ひとり、風雨に耐えている自分の姿が浮かんできた。ひとりで生きてきたつもりになっていたが、実は両親の大きな愛に支えられてきたことに気づき、号泣した。

振り返るに、50歳の頃のわたしは、まだ若く馬鹿だったので、「ひとりが一番よ」と気勢をあげていた。1998年、おひとりさまの団体、NPO法人SSS（スリーエス）ネットワークを立ち上げたとき、会場に集まってくれたあふれんばかりの女性たちに向かって、高揚しながらわたしは言った。

「おひとりさまの皆さん、お元気ですか。まだ、足は悪くなってないですよね。来年の今頃は、皆さんの半分が来れなくなってますよ」。会場が沸く。

「みなしごハッチを知っている方は？」。皆が手をあげた。そして、わたしはたたみかけた。

「みなしごハッチとは、シングルのあなたのことよ。あなたもハッチ、わたしもハッチ。みんな、みなしごハッチよ。だから、協力しましょうね」

と笑わせていたが、今は笑えない。なぜなら、みなしごハッチとはこの自分のことだからだ。

75歳になり、わたしは、生まれて初めて「ひとりぼっち」という感情に襲われた。

すべてを失ったら気持ちがラクになった

◉気が付いたら「手ぶら暮らし」

こうして、わたしは手ぶら暮らしをするようになったのだが、好んで手ぶら暮らしを始めたのではないのは、先に語ってきたとおりだ。わたしは、何に対しても積極的で人の意見に左右されずに行動するタイプだが、マンションを手放してからの行動は、認めたくないが、自分の意志ではなく、出来事に流されていただけだったといえる。

言い換えれば、嫌なことと対峙するのを避けてるうちに、気が付いたら「手ぶら暮らし」になっていたと言う言い方が正しいだろう。

なぜなら、好きなモノに囲まれた生活が大好きで、気にいったものがあると買わずにいられないタイプで、シンプルライフや節約が好みではないからだ。

●ひとり身のどこが寂しいの？

わたしは現在、母が生きていたときに、逃げ場として借りたUR賃貸住宅の1LDKに住んでいる。すでに、実家に引っ越したときに、モノの大半を処分していたので、引越は簡単だった。元のわたしの生活を知っている人は驚く。

「あのアンティークの椅子はどうしたの？　あのランプは？　あのアジアン風の食器棚は？　あの飾り棚は？　あの……。捨てるんならもらいに行ったのに……」

でも、もういいのだ。終わったことだ。過去は過去。さあ、これからどう暮らすかを、一番考えなくてはいけないのだ。そう思ったら、力が湧いてきた。

小さな部屋で、少ないモノに囲まれて暮らしてみると、不思議と頭がクリアになった。

そこで、わたしは大切なことに気づいた。自分の終の棲家のことより、わたしにはもっと大事なやるべきことがあるのではないか。

ひとり身のどこが寂しいのか。ひとり身だからと言って弱気になってはいけない。若い頃から権威や権力に迎合することなく、ひとりでがんばってきたのに、老いたからと言ってひとりをマイナスにとらえるなんて、自分らしくない。終の棲家なんか、どこだっていいわ。今がすべて。生きている今、やるべきことにまい進する人生を送らないで、どうするの？

時間はかかったが、本来の自分にもどることができたことが嬉しい。これまで、固くとざされていた幸せの種が、芽をふくのを実感した。

2章

「お金」がなくても豊かな人生

――貯金0円でも、収入1万円でも。幸せな気持ちになる「お金の使い方」

90歳。貯金は0円だけど、あとはぜんぶ揃っている

●90歳。賃貸アパート、ひとり暮らしの千葉好さん

90歳になる千葉好さんの自宅は、私鉄沿線の下町風な町の中にある。各駅停車しか停まらない駅はなんとも懐かしい昭和の時代を思い出させる。

好さんにお話を伺いたいと待ち合わせた当日は雨だったせいもあり、子どもの頃、母が傘を持って待っていた昭和の改札口を彷彿とさせる。

「迎えに行く」と言われたときは、大変だからいいと断りかけたが、実際に歩いてみると、この曲がりくねった道を説明するのは難しいだろうと感じた。先を歩く小さな体に赤い傘がかわいい。嬉しそうだ。わたしより歩くのが速い。

わたしが好さんに興味を持ったのは、彼女がわたしより15歳高齢であり、シングルのひとり暮らし、兄弟なし、住まいは借家……と、普通なら不安に押しつぶされそうな環境にもかかわらず、いつも笑顔でふわっとした雰囲気の幸せオーラを出していたからだ。

条件的には決して幸せとは思えないが、何か理由があるのだろうか。もし、あるなら是非知りたいと思った。なぜなら、わたしの行く道でもあるからだ。

好さんはわたしが代表を務めているひとり女性の団体SSSネットワークのとても古い会員だ。もう、かれこれ20年近く在籍しているのではないだろうか。会うたびに、いつも笑顔が美しい方だなあ、どんな暮らしをしているのかしらと、気にはなっていたが、ゆっくりお話をする機会もなく年月が経ったある日、好さんから話しかけられた。

「わたし、古い賃貸アパートに住んでいるのよ」

「アパート？」

思わず心配になるわたし。

「えっ、大丈夫なの？　高齢を理由に追い出される心配はないの？」

恐る恐る聞くと、好さんは笑顔で答えた。

「ぜんぜん心配などしていませんよ。大家さんがとてもいい人でね。死ぬまで居ていいと言ってくれているのよ」

と安心しきった表情で答えたが、わたしは内心心配だった。高齢になると、建て直しを理由にアパートを追い出されるケースを知っているからだ。

それから1年後に会の集まりで好さんと顔を合わせたとき、わたしはまっさきに聞いた。

「今もまだ、あのアパートに住んでいるの？」

すると、昨年、大家さんが亡くなったというではないか。嫌な予感がしたが、彼女はケロリとしている。

なんでも、古いアパートを取り壊し、すでに新しい建物への建て替えも終わり、以前の場所の新築の部屋に住み続けることができているというのだから、驚いた。

そんなうまい話があるのだろうか。高齢なので騙されているのではないだろうか。しかし、わたしの老婆心をよそに、後日、好さんからお誘いがあった。

「まだ片づいてないけど、よかったら新しい住まいを見に来ませんか」

もちろん、二つ返事で「伺います」と答えた。

◉「死ぬまで居ていいよ」。大家さんの遺言

雨が強まってきた。どんな住まいなのだろうか。そして、90歳になるひとり暮らしの先輩は、どんな思いで暮らしているのだろうか。孤独にさいなまれることはないのだろうか。体の具合が悪くて落ち込むことはないのだろうか。ひとり暮

らしのまま老いていく自分のこの先の勉強のためにも、先輩の話をじっくりと聞いてみたいと思った。

ミステリー小説の中に出てくる探偵のような気持ちで、わたしは彼女の赤い傘の後ろをついていく。小さな家が密集している。このあたりは3階以上の建築禁止地区だそうだ。ボロアパートがある。あれではないわよね。通過した。驚くなかれ、彼女の足が止まったのは、わたしの想像とはまったく違うまっ白な3階建てのマンション風のアパートだった。

彼女ははにかみながら、共有のドアを開け、わたしを中に促した。新築のにおいがする。

「狭いのよ。びっくりしないでね。人に来てもらうような部屋じゃないの」と言いながらも嬉しそうに招き入れる。この新築のアパートは、大家さん亡きあと、息子により建て替えられた。母親である先代の大家さんの言いつけを守り、息子は約束通り、好さんを追い出さずに、新しい部屋に住まわせてくれたのである。

親子2代で「死ぬまで居ていいよ」という好さんとの約束を守ったことになる。

今の時代にこんな人情味あふれる親子が存在するとは驚きだが、この幸運は大家さんと彼女との深い信頼関係からだろう。わたしが最初に好さんから、「新築に住み替えられる」という話を聞いたときは、「彼女はなんてツイている人なのだろう」と運の強さにしか目がいかなかったが、好さんと話しているうちに「そういうことなのか」となぞが解けていくのを感じた。

肩肘《かたひじ》を張らない、ありのままの姿で生きている好さんに好感を持ち、皆が手を差しのべたくなるのではないのか。つまり、彼女の生きる姿勢が幸運を運んでいる。

◉幸運の種は自分の中に

確かに新しい建物だが、彼女の部屋は狭い。本当に狭い。しかし、最新の建物だけあり、使い勝手がいいように工夫されている。広さで言えば、ワンルーム（6

畳）にキッチンなどの水回りがある程度だが、快適なお部屋だ。すべてが座っていても手が届く範囲にある。

大きな家具はソファベッドとローテーブルにローチェア、と言っても全部小ぶりだ。部屋の壁回りには、洋服ボックス、本棚や文房具入れや飾り棚など。まるで飛行機のコックピットみたいだ。座って手を伸ばせば、なんでも取れる。これなら、足が悪くなっても生活できそうだ。

小ぶりのソファベッドはドイツ製で、若い頃に買ったものらしい。小柄なので夜はそこにコロンとすれば眠れるという。わたしもそうだが、小柄な女性は年を取ると、更に小さくなり便利だ。フランスの小部屋を彷彿とさせるセンスの良さがこの部屋にはある。調度品も出された器も趣味のいいものばかりだ。新しい部屋に移るにあたり、コックピットに収まるものだけに整理し、処分したという。

鳥取県生まれの彼女が、18歳のときに親元を離れ、仙台へひとり向かったのは、あまり良い家庭環境ではなかったからだ。知らない土地でその日を生き延びるためにアルバイトを探す日々が続く。駅で寝ているところを保護されたこともあるというのだから半端ではない。

しかし、透明でキラキラした目と柔和な表情からは、その苦労の影を見つけることはできない。話し方もふるまいも装いも品がよく、明るい表情で語る彼女からは、幸せのオーラしか感じられない。人の人生は、こうして膝を突き合わせて話してみないとわからないものだとつくづく思う。

好さんの運命に転機をもたらしたのは、あるお菓子会社の社長だ。その会社で事務の仕事をしていたある日、社長が彼女に言った。

「手に職をつけなさい」と。学費は会社持ちで、経理の学校に通うことになった。

「そこが、わたしの自立人生の始まりなのよ。だから、あの社長には感謝してもしきれないの。本当にいい人だった。本当に親切な人だった」。彼女は懐かしそうに微笑んだ。

「まあ、幸運な人ね」と反応したわたしは、すぐに恥じた。これは幸運で片づけられる出来事ではないだろう。わたしが彼女に魅かれるように、社長も彼女の素直で正直な人柄に心を動かされたからこその親切だったのではないだろうか。

そう、幸運を引き寄せる種は、天から降って来るのではなく、自分の中にあるのかもしれない。その後、27歳で経理を武器に東京に出てきたときには、出版社に勤めたり、個人事業主の仕事を引き受けたりして、人生で最も充実したときとなった。

◉貯金ゼロ。だけど不安はなし

「今、貯金はどのくらいですか？」

失礼を承知で貯金額を聞く。家族のいないおひとりさまの場合、老後は、お金が頼りだからだ。これに異論のある人はいないだろう。1000万ぐらいかしら。

すると、彼女はいともあっさりと答えた。

「貯金ですか。貯金はゼロです」

ずっと働いてきたのだから、貯金がないはずがないと疑うわたし。しかし、彼女は真顔で「ほとんどゼロなんですよ」を繰り返す。

わたしが仰天していると、笑いながら言った。

「わたし、家を出てからずっと親に仕送りをしていました。それに東京で知り合った親友から詐欺にあったりして。だから、貯金はできなかったの。お金はありません」

彼女はケロリとしている。親のことを悔やまず、やることをやった満足感が言葉の端々から感じられる。でも、90代でひとり暮らしで、貯金がなかったら、わたしだったら不安の渦の中で溺れている。わたしのまわりのおひとりさまも、まだ60代だというのに、老後のお金の不安を口にしている。

「本当よ。不安はないです。だって、わたし、体はどこも悪くないし。足も丈夫で歩けるし、月々の生活費は年金の範囲と決めていて、その中で生活できている。

それで大満足です。それに、もう、この年になると買うものもないので、皆さんが心配するほど、老後ってお金がかからないのよ」と笑った。

◉「お金がかからない」暮らしの知恵

1　**衣服費ゼロ**……お金のある若いときに、例えばカシミアのセーターとか洋服はいい品質のものを買っておいたので、流行に関係なく今でも着用できる。安物を買うから毎年新しい洋服を買わなくてはならない。これは無駄。取材当日に着ていた赤いセーターも40年前のカシミアだという。スカートも見せてもらったが、仕立てのいいものばかり。なんと、80歳からは洋服は一枚も買っていないという。

2　**光熱費**……狭いのでエアコンの効きがよく、電気代は月2000〜3000円。電気、ガス、水道代を合わせても1万円を超えることはない。

3　**食費**……自炊ひとり分なので月に3万円以内で足りる。

4　交際費……外食はほとんどしないが、交際費はケチらない。友達づきあいは重要なので、月2万円ほど使う。
5　ワイン代……好きなワイン代はケチらない。
6　携帯代……月3000円ほど。
7　交通費……月2000円ほど。
8　家賃……月約5万円ほど。家賃の値上げなし。

◉幸せは条件ではない

部屋の壁に貼ってある一枚の写真が気になった。旅行の写真でも家族の写真でもペットの写真でもない……あれは何？　ガラス瓶に何かが詰まっている写真だ。聞くと、部屋のコーナーに置いてある直径30センチ、高さ1メートルはある巨大なガラスの器を指さした。よく見ると中にぎっしり入っていたのは、ワインのコルクだった。100や200どころではない大量のコルクだ。しかも、このコルクは全部、仲間と飲んだワインのコルクだというのだから驚いた。

「好さん、飲むの？」

お茶しか飲まないような人に見えたので意外だった。すると彼女は大きな声で笑った。

「わたしの人脈は、飲みニケーションでできたものなのよ」

今の若い人は上司に誘われても断るが、お酒で人間関係が生まれ、仕事にもつながることもあるので、飲みニケーションはとても大事だと語る。昔は飲める女性が少なかったので、よく誘われ、そこで、他社の重役や社長と知り合い、転職につながったという。今でもそのときの人たちとは、いいお友達だという。

「人生で出会ってきた人は、みんないい人たちだったわ。親には恵まれなかったけど、わたしは本当に他人に恵まれてきました。大家さんもそう、大家さんの息子もそう、会社の人もそう、みんな優しい、いい人たちばかり。当時の会社の男性たちは、皆さんジェントルマンだった。本当によくしてもらいました。だからいい思い出しかありません」

コルクは楽しい時間の思い出にと家に持ち帰ったものだった。場所をとるので、写真を撮ってから捨てるつもりだったが、まだ捨てられないで悩んでいるという。

高齢、借家暮らし、貯金ゼロ、身寄りなしという好さんの条件だけを聞くと、寂しいひとり暮らしと思われがちだが、実際は、寂しいどころか、多くの人に愛されながら幸せな人生を送っている方であることがわかる。

わたしの座右の銘は「幸せは条件ではない」だが、好さんはそのことを証明してくれている。

お邪魔している間、彼女は何度もこの言葉を口にした。

「出会った人たちに感謝、感謝、感謝です。本当に出会った皆様のお陰でこうして幸せに暮らすことができています」と満面の笑み。これは何にでも誰にでも感謝の気持ちで接している好さんの人柄のせいだろう。

特に大家さん家族には、涙がでるほど親切にしていただいていると、今にも泣きそうな顔になった。大家さんのお孫さんも親切で、高齢ひとり暮らしの彼女を気遣い、困っていることがあれば、率先してやってくれるという。先日も、携帯の調子が悪いと言ったら、一緒に携帯ショップまで付き添ってくれた。猫がいたときは、餌をあげてくれたり、具合が悪いときはクリニックまで一緒に行ってくれた。

近所の喫茶店のママもいい人で、「ひとり暮らしで保証人がいないなら、わたしがなりますよ」と申し出てくれたそうだ。時々、「生きてる?」とメールが来るそうだ。

皆さん優しいのに、自分には何も返すものがないので、同じ建物に住んでいる単身のお孫さんには、おふくろの味を作って届けているということだ。

金曜日は疲れて帰ってくるだろうから、唐揚げにしようかしら、いや煮物の方がいいかしら、とメニューを考えているだけで楽しいと。

今現在の彼女の生きがいは、スーパーに行き、食材選びをすることだ。

「人のために料理するって楽しいわね」と目を輝かせた。

今日の取材で、貯金がなくても、賃貸住宅でも、人への気持ちや手間を惜しまず、人から愛される人であれば、何の心配もなく、しかも幸せを感じながら老いていけることを、学ばせていただいた。好さんこそが、手ぶらで豊かに暮らすモデルではないだろうか。

彼女は帰り際にわたしにこう言った。

「そうそう、あなたにお願いがあるの。賃貸でも部屋が狭くても、90歳になっても楽しく自分なりに暮らしている人がいる。お金がなくても、老後は楽しく暮らせるっていうことを皆さんに発信してほしいの」

月1万円でも、収入があれば堂々としていられる

◉91歳・現役経理ウーマン。市営住宅暮らしの文子さん

91歳の文子さん（仮名）がわたしの仕事場に現れたときの印象は衝撃的で、今でも目に強烈に焼き付いている。90代と言えば、どんなにおしゃれな方でも、髪や背中や足に年齢を感じるのが普通だが、文子さんは違っていた。お元気そうとか、かわいいとかではなく、脂の乗りきったセールスレディかと見間違うほどのシャ

キッとした立ち姿だったからだ。

「あら！　まあ！」、思わず声をあげる。

紺のスーツを着た小柄な女性がにこやかに立っている。現役の会社員のような服装で来る90代の方を見たことがなかったのでびっくりしたが、この立ち姿と服装が、文子さんの生き方そのものだと知ることになる。

◉年齢を理由に諦めない

文子さん、91歳は結婚歴なしのひとり暮らしの女性だ。いわゆるおひとりさまである。今でこそ、おひとりさまは珍しくなくなり、白眼視されることもないが、文子さんの時代はとても稀だったに違いない。椅子を勧めたが、背もたれには寄りかからず、ピシッとしている。驚くのは、そればかりではない。91歳の今でも仕事をしているというではないか。そのプライドが姿に現れているのだ。

彼女は堂々と答える。

「わたしは、経理の仕事で会社員を30年やってましたが、一言で会社員生活を言い表すと、男社会の中で我慢の30年でした。経理課の女性は仕事ができるので男性からの嫉妬と意地悪の日々。数字が好きなので我慢してきましたが、定年を待たずに退職しました。それからは、派遣会社に登録して、あっちの会社、こっちの会社と。いろいろな会社の中を見られるので面白かったですよ。80歳からは、仕事というよりは、中小企業やＮＰＯさんの経理のお手伝いをさせてもらっています。お金がなくて税理士さんにお願いできない会社もあるので。とても喜ばれています」

彼女は目を輝かせて話す。

「わたし、経理の仕事が大好きなんです。何もしないで家にいるなんて考えられません。老後はのんびりと旅行したりマージャンなんて、わたしには考えられません。何かやっていないと、社会から取り残されている感じで、逆に怖いです」

実に楽しそうに笑う。話しているうちに、彼女の年齢を忘れていることに気づく。それと同時に、年齢にこだわる自分が恥ずかしくなってきた。

彼女の頭の回転は脳外科の先生のお墨付きらしい。MRIの画像を見た先生から「100点！」と言われたそうだ。頭を使う仕事をしている人の脳は衰えないのかもしれない。

実は、75歳になってからのわたしは、いつ仕事をやめようかと迷っていたので、ガツンと頭を叩かれた気がした。わたしも仕事をやめたらいけない。文子さんと同じで、遊んでいるより仕事をしている方が幸せだからだ。仕事がこないのは仕方がないにしても、年齢を理由に自分から仕事を諦める必要はないだろう。弱気になっていた自分をふるいたたされた。

わたしは、文子さんの年齢まで15年近くあるというのに負けている。

●「仕事で生きる」を実践！ かっこいいシングルウーマン

91歳でひとり身の文子さんを気の毒に思ったのか、親戚の人が同居を申し出てくれたこともあったというが、断ったという。なぜなら、彼女の最強の同居人は「人間」ではなく「経理」だからだ。

「経理が本当に好きなのね」とわたしがまじまじと顔を見ながら言うと、

「こう見えても、お見合いも、何度もしたことがあるのよ」

「そうでしょうね。そんな時代ですものね」

これに、照れながら文子さんは答えた。

「でも、妥協できなかった。わたし、学歴の高い頭のいい人でないとだめなんです。それで、最後の男性を断ったときに、決心しました。〝わたしは仕事で生きていく〟って」

「女は結婚」が当たり前の時代に、「仕事で生きる」と決めたのは、相当の覚悟だったに違いない。今の時代ですら、女性が自分を一生食べさせるのは難しい。経済が立ち行かなくなると「結婚」に駆け込む女性は多いし、同じおひとりさまとしてその気持ちもわかる。みんな、迷いながら生きているのだ。

いつかきっと、白馬の王子様が現れるかもしれない、といくつになっても淡い期待を抱く女性はいるが……。彼女が人生の伴侶に選んだのは「経理」だったとはおかしくもあり、かっこいいとも思った。

言われるまでもなく、経理という細やかな仕事は女性に向いているし、どんな会社でも必要とされる仕事でもある。もし、自分の手で一生、働きながら生きていきたいと思うなら、経理の仕事は最強の伴侶になるだろう。

わたしにとり、このことはある意味、発見だった。というのは、女性が自立できる仕事として頭に浮かぶのが「看護師」「教師」「公務員」だったからだ。今、ここに「経理」という仕事を加えよう。

◉「自分で稼げる安心」と「社会とつながる幸せ」

前項（38ページ）の好さんの仕事も経理だったことを思い出す。

何が言いたいかというと、経理ができれば何歳になってもアルバイトで働くことができるので、日銭が入る。会社に行かなくても自宅で仕事をすることができる。わずかでもいいので日銭が入る老後こそが、不安なき老後につながるというのがわたしの持論だ。

お掃除でもスーパーの裏方の仕事でも何でもいい。たとえ月に1万円でも自分で稼げる老後と、まったく稼ぎがない老後では、気持ち的に大きく違うはずだ。

ひとりの人間として堂々と生きてきたであろう文子さんを見ていると、自分の特技である経理の仕事を一生続けられる強さを感じる。世の中には、カラーリスト、ネイリスト、社会保険労務士、医療事務など星の数ほど多くの資格が用意されている。しかし、年齢に関係なく働ける資格となると、そうはないだろう。

自分の働きで収入を得る安心感。そして、なによりも素晴らしいのは日銭だけではなく、社会とつながりがもてることだ。

わたしは団地に入っている掃除業者のパートで働いている同世代のおばさんとよく立ち話をするのだが、彼女は大変な重労働にもかかわらず、何歳になっても働けるのは幸せだと言う。家でぼーっとしているより、出かけるところがあるのは幸せなこと。掃除の青い制服を着るとピシッとすると笑った。

おひとりさまの中には、ひとりを理由にあまり他人と交わらない人もいるが、自分が外に出れば、話し相手はいくらでもいる。そして、話す人がいるだけで明るくなれる。そう、高齢期からの幸せは、現役時代の経済的な幸せと違い、社会と接点があることが幸せだといえるのではないだろうか。

● 家賃を払っても、年金内で十分暮らせる

文子さんは年金収入内で暮らしているという。しかも家賃込みでだ。いったいどうやって？　その内訳を聞いてみた。

現在の文子さんの住まいは高齢者用の市営住宅、家賃は約2万円だ。運のよいことに2回目の抽選で当たった。ひとり身で高齢の文子さんを心配した親戚の人は、家を建て替えるときに、文子さんの部屋まで作る優しさを見せてくれたが、

ぎりぎりのところで、文子さんは市営住宅に救われたことになる。これは、ただ運がよかったのではなく、日頃の生きる姿勢にあるようにわたしは感じた。

「市が借り上げてくれた住宅なので、安いのよ」と嬉しそう。

「よかったですね」とわたし。

皆さんもご存じのように、今の日本社会では、60歳以上の高齢者には家を貸したがらない。ましてや90代近い人に貸す大家さんは皆無と言っていいだろう。もし、いたとしたら神様が姿を変えているとしか思えない。

「わたしは住まいにこだわりがないのよ。屋根さえあれば、どんな所でもいいんです。だって、わたしは経理の仕事で毎日のように出かけているし、家で料理はほとんどしないので」と言うので、何を食べているか聞くと、近所の友達が総菜を作って持ってきてくれたり、週2回の宅配を利用しているという。「宅配はゴミもでないので、最高のパートナーよ」と笑う。

経理という几帳面さが求められる仕事をしてきたせいか、もともと思いやりのある性格のせいなのか、プラゴミは熱湯消毒して捨てるという細やかさだ。

持ち物も極端に少ない。大切にしているのは、仕事先に行くときに着ていく紺と黒のスーツが数着。それに寝るときに着るパジャマだけだ。家にいるときは、持っている衣類で済ませるので、新しい洋服は買わないし、買う必要もないという。これなら、お金のことを気にせずに安心して暮らせるとわたしは納得した。

しかし、すごいではないか。文子さんの暮らしこそ、究極の手ぶら暮らしといえはしないだろうか。

●足りない条件を数えて不幸にならない

椅子にもたれないで凛と座っている文子さんに、わたしは聞きにくいことを聞くことにした。それは、おひとりさまなら誰もが感じるひとり老後の不安だ。

「ねえ、ひとりで、寂しくなることないですか？　わたしなんか、元気なときは、寂しさを感じないけど、体調不良や腰痛になったときに、心細くなることがある。

老人うつかと思うほど落ち込むことがあるわ」

朝、鏡の中の老いた自分を見て、ため息をつくことがないのだろうか。91歳ひとり暮らしの本音を聞かせてほしい。すると、わたしの心を読んだかのように話し出した。

「88歳のときに、激痛に襲われて駅で歩けなくなったことがあります。脊椎管狭窄症だと診断されて治療をうけたことがある。手術はしないで済んだけど、薬を大量に処方され、その通りに飲んでいたら、今度は腎臓がやられて、人工透析寸前まで行ったんですよ」

「えっ？　そんな大変なことがあったのですか。それで？」

彼女は笑いながら言った。

「それで、薬を勝手にやめたら、もとに戻りました」

背が低いのは、背骨のクッションがつぶれているからだと笑う。心の強い人だ。ただ強いのではなく、心が明るい。そこに、文子さんらしさがあるように感じる。

わたしの想像が終わるのを見計らって文子さんは言った。

「わたしは家で料理を作っているより、仕事が好きなんです。だから、家でひとりでいても、まったく寂しさを感じたことはありません」

好きなことのある人の心には、寂しさが入る隙間がないのかもしれない。自分事だが、寂しいとか死にたいと思うときは、何かに集中していないときに決まっている。空白な時間というのは、人によっては、素晴らしい時間かもしれないが、わたしの場合、書くことを仕事というならば、わたしも文子さんと同じで仕事が好きだ。

70歳を過ぎてからの仕事は、そこは文子さんと同じで、お金を稼ぐための仕事ではなく、好きなことをしている感覚だ。一生、夢中になれるものがある。それは、ある意味幸せなことではないだろうか。第二の人生を探す必要もなければ、ましてや、老後もないわけだから。

人生の先輩の話は聞くものだと思った。ひとり暮らしと言っても家族のある人の場合と、まったくのひとりの人とでは、人生のとらえ方が少し違う気がする。90年間、ひとりの人生を淡々と、しかも明るく貫いて来た人の話は、わたしにとり、誰よりも参考になる。

住まいは市営住宅でも、誇りを持ってできる仕事を持っている人は幸せだ。そういう人は、足りない条件を数えて不幸になることはないのだ。

お出ししたコーヒーにやっと口をつけると言った。この間、姪が放った一言で、奈落の底に落とされるほど落ち込んだという。その姪の一言とは、

「おばちゃま、いつまでお仕事なさるんですか？」

自分が年を取ったと思ったことがなかったので、ショックだったという。

●強さの秘訣は「感謝」で生きること

文子さんは元気だ。その強い精神力の源を知りたくて聞いた。すると、彼女は間髪をいれずに答えた。

「わたしは、若い頃から感謝で生きていますから」

わたしはうなった。わたしが感謝に気づいたのは70歳になってからだ。それまでは自分のことばかりだったような気がする。最近は「お陰さまで」「感謝」を意識的に口にするようになっているが、若い頃からというのはすごい。文子さんは、同じおひとりさまでも、人間的に成熟した方なのだと改めて思った。

とかく、おひとりさまは、老いてくると守りに入りがちだ。歩けなくなったら、ボケたら、と悪い想像をしがちだが、文子さんは、物事をネガティブにとらえたことがなく、いつも楽観的にとらえるようにしているという。

「過去は振り返らない。いつも未来を見ている」とまっすぐにわたしを見ながら言った。

恐れ入りました。わたしもそうなれるよう努力します。

「今日はいいお話をありがとうございました」とわたしがお礼を言うと、玄関で振り向きながら笑顔で言った。

「いつでも、会計のお手伝いしますよ。もちろんボランティアで。わたし、絶対に数字は間違えませんから」

彼女が経理課長に見えた瞬間だった。

3章

「家」に縛られないと、こんなに自由！

——「賃貸」でも「自宅」でも「施設」でも。楽園はあなたが作るもの

「もうご飯を作らなくていい！」ひとりだからできる自由を満喫

◉70代。家事から解放されて「ひとりは最高！」

70代になると、独身の人はそのままだが、結婚して家庭を持っている人の中には、夫が亡くなることで、自由を獲得する人もいる。

わたしが通うジムのお風呂場でよく会う、にこにこ笑顔の70代前半と思われる女性がいる。何回か顔を合わせるうちに「こんにちは」と挨拶を交わすようになった。彼女の名前は照子さん（仮名）。

わたしの場合、ジムで運動したことはほとんどなく、お風呂のみの利用者だ。朝に行ったり、お昼に行ったり、時間を決めないでその日の気分で行くのだが、よく観察していると、ほとんどの人が決まった時間にサウナに来ていることがわかる。しかも、ほぼ毎日利用している。

午後3時頃に行くと、必ず、照子さんがいる。もしかして毎日同じ時間に来ているのかと思い、ある日聞くと、彼女は笑顔で首を縦に振った。

「そうよ。毎日よ」

ひまな主婦に違いないと決めつけていたが、話をしているうちに、ひとり暮らしだということがわかった。そして、驚くなかれ、彼女が例外なのではなく、この時間帯にサウナに来る人の多くが、シニアのひとり暮らしなのだ。

「ん？　ここは、おひとりさまのデイサービスか？」

折り紙が嫌いな元気な高齢の女性ばかりのデイサービスここにあり、と思ったら、笑えてきた。みんないい人。うわさ話も詮索もしない、そこだけのおつきあいなので、とても居心地がいい。

照子さんは会うたびに、わたしに手を振ってくれる。わたしも照子さんの顔を自然に探す。でも、会うのはここだけ。決して外で会ったりはしない。この距離感がいいのだ。

照子さんの日常はこうだ。夫は数年前に他界。息子も孫もいるが別生活。彼女は分譲マンションでひとり暮らしだが、ひとりの不安はまったくないと言う。不安どころか、もう幸せで幸せで仕方がないというのだ。

その理由を聞いてみると満面の笑みでこう言い放った。

「炊事から解放されて幸せ！　洗い物しなくて幸せ！　誰もいなくて幸せ！」

本当に幸せそうなので、反応に困った。

◉ちょこっと働き、サウナでさっぱり！ 夕飯は外

「でも食事はどうしているんですか？」と聞くと、お昼は、平日は4時間ほどパートで働いているので勤務先の食堂で食べるとのこと。

「夕飯は？」と畳みかけると、嬉しそうに答えた。

「夕飯ですか。外食です」

「はっ？ 作らないの？」。驚いていると、それを楽しむように彼女は言った。

「ほら、この近くにもたくさん、定食を食べられるお店があるでしょ」

大戸屋とか焼き鳥のチェーン店とか、中華屋の王将とか。安くておいしいらしいがわたしはほとんど入ったことがないので、驚いた顔をすると、

「あら、あなた、ひとりで入ったことないの？」

と逆に驚かれる。

「ぜんぜん、ひとりで大丈夫よ。ひとりで食べる女性も多いわよ。定食が食べら

れるのがいい。自分で作るより栄養も取れるし、それに安上がり」

と本当に嬉しそう。

「ちょこっと働き、サウナでさっぱり、夕飯は定食屋で食べる。だから台所はいつもきれい。ひとりだからできるこの自由な生活は最高よ」

同じ、ひとり暮らしでも、ずっとひとり暮らしの人と、家族から解放されてのひとり暮らしでは、自由の喜び度合いが違うようだ。

長年家族のために「明日のお弁当どうしよう？　夕飯どうしよう？　食後の片づけしなくちゃ……」と、家事に縛られてきたことから解放された照子さんははじけている。

先のことを心配して暮らすのではなく、今を楽しむ。それこそが、老いを生きるにあたり一番大事なことだと、彼女を見ていて思った。

なぜなら、70代になれば、いつ命のシャッターが下りてもおかしくない年齢なのだから。

「家があるから安心」お金をぎりぎりまで使える幸せ

●75歳。安心して暮らせるのは自分の家があるから

東京の下町に暮らす真理さん（仮名・75歳）は、結婚歴なしのシングル女性だ。40歳のときに20年ローンで購入したマンションに今でも暮らしている。部屋は38㎡とちょっと狭いということだが、下町なので、隣とのつきあいもあり孤立はしていない。

彼女は、大谷選手ではないが、若いときからしっかりした人生設計図を作っていて、老後の準備も着々とやってきた堅実な人だ。

真理さんのマンション購入のきっかけは、わたしのデビュー作『女が家を買うとき』（文藝春秋）を読んだことにあるというのだから驚いた。

「松原さんには感謝よ。あの本に出会わなかったらと、想像するだけでぞっとするわ。今、こうして70代になっても安心して暮らせるのは、自分の家があるからなの。部屋は狭いけど、あのとき、買っておいて本当によかった。松原さんには、本当に感謝しているわ」と血色のよい頬を更に赤らめた。

真理さんの場合、独身主義者ではなかったが、安定企業に就職したことが、今の安心した暮らしを支えているということだ。ひとり身女性の場合、若いときは、派遣でもフリーでも暮らしていけるが、60歳を過ぎてから経済的格差が出てくるように思う。

ただ、わたしの世代（団塊の世代）は、社会が右肩上がりだったので、老後の蓄えもできたが、これからの時代はどうだろうか。しかし、人生は経済だけが重要ではない。わたしはたくさんのひとり身女性に会ってきたが、最後はその人の生き方だと思わされている。

お金も大事、でも自分の生き方を持っていないと、社会に振り回されることになる。持ち家の威力を発揮するのは、人生の後半なのかもしれない。

人はそれぞれだ。賃貸が気楽でいいという人もいるが、やはり、家賃が発生しない持ち家生活は、気持ち的に違うような気がする。

●誰にも遠慮なく、思う存分お金を使う

いつもビタミンカラーの暖色系のファッションで、会うなり、今を楽しんでいるのがわかる。話し方にも力があり、元気いっぱい。やっぱり、旅行を楽しんでいる人は違う。いきいきしている。月に1回は、屋久島や北海道など、全国の景勝地に足を運ぶというのだから、旅行が面倒なわたしは驚かされる。

「定年退職したら、好きなことをして過ごすって決めていたのよ。働くことにこだわる人もいるけど、わたしは持病があるので、そんなに長生きはしない。行けるうちに日本のいい所を見てみたいと思ってね」

持病があるとは思えぬ元気さだ。持病のないわたしの方がおとなしい。わたしは聞いた。

「そんなに旅にばかり出ていて、疲れない？　いいお友達はできるでしょうが……」

すると、彼女は言った。

「ツアーにはひとりで参加するのよ。友達を誘うことはないし、旅先で友達を作る気もないわ」

なぜなら、彼女の旅の目的は、行きたい所に行くことだからだ。純粋に旅そのものを楽しみたいだけなので、友達がほしいわけではないと強調した。

「へえ、そうなんだ」

よく考えたら、わたしはひとり暮らしは好きだが、旅は誰かと一緒に行きたいタイプだ。

「きれいだね」

「おいしいね」

という相手がいない旅は寂しい。わたしは生まれつき、団体旅行が苦手なので、ツアーの良さがわかっていないところがあるのかもしれない。

◉「今を楽しむため」に終活をする

でも、相当お金をつぎ込んでいそうだったので聞いた。

「そんなに頻繁に旅に出ていたらお金がかかるでしょ。それは気にならないの。そんなに使えるなんて、もしかして貯めてる？」

すると彼女は笑いながら言った。

「普通だと思うわよ。貯金はいざというときのための1000万円だけ。それ以外のお金は全部、旅に使ってきました。だから、もう、いざというときのお金しか持っていません」

「全部、使ってきた?」

その言葉にわたしはのけ反りそうになった。確かに、お金はあの世まで持っていけない。だから全部使い切りたいと豪語する人はいても、本気で、全部使う人にお目にかかったことがないからだ。

聞いているうちに、彼女から、いつ死んでもいいという覚悟を感じた。

遺言書の作成や葬儀のこと、介護が必要になったときの手配など、死後の家の片づけなどの終活は、すべて昨年完了したという。自分のことは自分で準備して、できないことは生前に頼んでおくなど、自分で準備できることは、する。お金はかかったが、安心にはかえられないと笑った。

今を楽しむ。今日を楽しく生きる。先の手当てをしてあるので、あとは何があっても受け入れる。そんな彼女の顔は輝いている。

最後に彼女は笑顔でこう言った。

「旅を思いきり楽しめるのも、自分の家があるからなのよ。お金があるからじゃないの。家があるから、お金をぎりぎりまで使えるのよ。ひとりの人にとり、持ち家があるのは、精神的に大きなことよ」

「お金がないから覚悟が決まった」最後まで自宅で楽しく暮らす

◉70歳。選択肢がなくて良かった

百合子さん（仮名）は、一度も実家（自分が生まれた家）を出たことのない女性だ。会社勤めをしたことはあるが、長くは続かず、派遣で働くことが多く、経済的に不安定な状態だったので実家から出る機会を失った。

東京に生まれ育った独身女性の場合、実家に住んでいるとなにかと便利なこともあり、一度もひとり暮らしをしないまま年を取って行くケースは多い。実家暮らしの良さはなんといっても経済的なことだろう。

家賃はないし、払っていても3万円ほどが多い。洗濯は自分でするにしても、夕飯は母親が作ったものを食べていればいいのだから、この生活を一回やったらやめられないのもわかる。

百合子さんは言う。「わたしは家を出るタイミングを完全に失いましたね。そのうち結婚するからと、思っているうちに年だけが過ぎてしまって……。時代がバブルということもあって、フレンチレストランで食事したり、ブランド品買ったりしてシングルライフを謳歌しているうちに、あらら、どうしよう。50代になってしまった。そんな感じです」

彼女は笑う。実家は都下にある小さな戸建てだ。便利なうえに、なんと言っても住み慣れた生家は居心地がいい。彼女の両親は3年前に他界している。とは言え、家族もいない今、戸建てでの女性のひとり暮らしは物騒ではないのか。近年、世の中は急速に変わり、ひとり暮らしの高齢女性を狙う詐欺や犯罪が横行する怖い時代となっている。百合子さんを脅かすわけではないが、その辺のことはどう考えているのか聞いてみた。

すると、彼女は笑いながら答えた。

「最近、本当に怖い世の中ですよね。でもね、わたし、お金がないから他に行くところがないんです。同年代のおひとりさまの中には、ちゃんと会社を勤め上げた人がいて、そういう人は年金も多いので、有料老人ホームに入居したいと言ってるけど、わたしは、お金がないので、死ぬまでこの家で暮らすつもりです。選択肢がないお陰でその覚悟ができたわ！」

わたしは頷きながら言った。「それって、大正解ですよ。お金がある人には選択肢がある。でもお金がない人は選択肢がない。だから、迷わなくて済む」。

お金がないのは、決して悪いことではない。選択肢がないので、迷わなくて済む。これは高級有料老人ホームに入所された方たちの取材をして痛感していることとだからだ。なぜなら、高級有料老人ホームに自分の身を預けるというのは、相手の管理下に自分を置くということ。それを安心という人にとっては、良い所かもしれないが、自由な老後を過ごせるわけではないからだ。

もちろん、人により違うが、住み慣れた自宅ほどいいものはない。そうなんですよ。ひとり身の人はどうしても、不安が先行し、最後は施設のお世話になる方がいいと考えがちだが、お金がなければ、施設の選択肢がない分、気が楽でもあるのだ。

ものは考えようで、お金があればいいというものではない。

◉住み慣れた生家で愛猫と暮らす

覚悟ができた百合子さんは、猫を飼った。動物好きのわたしは「わあ、羨ましい」と思わず声をあげた。犬や猫と暮らせば、一瞬にして幸せになれる。動物たちはそういう存在だからだ。

彼女は笑いながら言った。「ペットと暮らすと、自分が先に死んだときのことが気になるものですよね」と。

母親が亡くなり、ひとりになった彼女が猫を飼ったのは、どこにも行かない、自宅で死ぬと決めた証なのである。

「それでですね、この家で死ぬと決めたからには、孤立してはだめだと。近所や地域の中に溶け込んで、知ってもらわないといけないと思ったんです」

これまでは、地域のイベントや集まりに参加したことがなかったが、ここで最後まで暮らすなら、地域の人とも親しくなる必要があると、出かけるようになったそうだ。

おひとりさまの地域デビューは、相当の覚悟がないと難しい。わたしも試みたことがあるが、想像と現実は違っていて、おじさんに名前や、何をやっているか聞かれたりして、おばさんからは、夫がいるか聞かれたり、適当にあしらっておけばいいのかもしれないが、それだけで嫌になってしまった経験がある。

おひとりさまが、古くからある地域のグループに入るのは、そう簡単なことではない。それを話すと彼女は、「でも、やるしかない」と決意のこぶしを見せた。

百合子さんは本当に吹っ切れたようで、満面の笑みで言った。

「わたしは大丈夫、ひとりでも、お金がなくても、楽しく暮らしてみせるわ。この子がいるし！」と猫の写真を見せながら笑った。

「持ち家にこだわる人の気がしれない」70歳過ぎたら賃貸が最高！

◉親の介護もにこにこ、けろっと乗り越えて

現在71歳のさつきさん（仮名）は東京都生まれ。イラストの仕事をしながら気楽なひとり暮らしをしていた時期もあったが、母親が高齢になり手助けが必要となったことから60歳のときに実家に戻った。

わたしが長い間、シングル女性の団体を主宰していてわかったことのひとつに、

親の介護は未婚の女性に回ってくるということである。兄弟はいても、それぞれに家庭があるので、自分の家族のことで忙しい。そこで、気楽に暮らしている独身の女性に白羽の矢が立つのである。

まさか自分が親の介護をすることになるとは、思ってもみなかったさつきさんだが、自分も高齢になってきたことを鑑み、親と同居するのを拒む気もしなかったという。また、親の方も、長男の嫁ではなく実の娘の世話を望むものだ。

シングル女性の中には、いつまでも結婚願望を持ち続ける人もいるが、一般的には、40代で見切りをつけるのが普通だろう。

しかし、さつきさんは、若いときから迷うことなく「ひとりで生きる」選択をしてきた方なのだ。いつも笑顔でマイペースな彼女を見ていると、すごいなと思う。

さつきさんは父親、そして母親の二人を自宅介護しながら見事に見送った。さぞかし大変だったと思うが、けろっとしながら語る。

「わたしは、親の介護をあまり深刻にとらえないで、事が起きたときに対処するタイプです。頭で想像してパニックにならないように、いつも、事が起きたときは「あっ、こう来たか」と。「外出から帰って、母の部屋を覗くと、すごく静かなときがあるの。あれっ、息、してない？　死んだ？　鼻に手をあてると息をしていて、あっ、生きてるのね」と笑った。

大げさにとらえていたら、介護はやってられないと。彼女は大変なことをにこにこしながら話す。肝が据わっている。

●母親を見送り、ひとりの幸せを毎日感じる

「わたしが同居して2年ほどたった頃から母が弱ってきて、自宅では介護が無理になったんです。母親のしもの世話を娘にさせるのは母にとって屈辱的なこと。専門家に任せるのが、母にとっても、娘のわたしにとってもいい。ラッキーだったのは、母ががんの余命宣告を受けたことです。余命3か月の宣告に感謝ですよ。

だって、施設に入れるにもお金の問題があるじゃないですか。3か月なら、質のいい施設に入ってもらうことができますからね。いろいろ探して最終的に決めたのがホームホスピスです。この選択は大正解でした」

ホームホスピスとは、規模にもよるが一般的には、一軒家で6名ほどが住める、普通にキッチンがありアットホームなのが特徴だ。いわゆる介護施設のように規則だらけではないので、本人だけでなく家族も安心できる施設だ。一軒家を改造しているので、ふつうの家にいる居心地の良さがある。わたしもお邪魔したことがあるのでわかる。

「でも、お金がかかったでしょ？」と肝心のことを聞くと、サラリと「月30万円です」と。

「わあ、お金持ちね」。すると彼女は首を横に振った。

「3か月の期限付きなので、それなら払えるし、母に、いい環境で旅立ってほしかったの」

そしてさつきさんは、照れながら言った。

「それがね。予定が狂ったのよ。3か月のつもりだったけど、ごはんも手作り、スタッフも優しかったせいか、それ以上生きちゃったんです。もうドキドキしちゃったわ。死んでほしいわけではないけど、きゃーお金がなくなる……」

母親も察したのか、それはわからないが、ぎりぎりの線の6か月で亡くなられたとのことだ。そんな彼女の気持ちが痛いようにわかるので、わたしも他人ごととは思えず、失礼と知りながらも「よかったわね」と言ってしまった。

●束縛されないことほど、素晴らしいものはない

母親を看取り、すぐに着手したのが実家を売却して、自分ひとりの住まいを確保することだった。たまたま、UR賃貸住宅はいいという話を耳にしていたことから、迷わず、UR案内所に駆け込む。

そこでわたしは「分譲マンションを購入することを考えなかったのか」と聞く

と、彼女は言った。

「わたし、持ち家にこだわる人の気がしれないんです。あの世に持っていけるわけじゃないのに。なんで自分の持ち家でないといけないの？　この年になると、家に限らず所有する必要はまったくないと思います。どこだって住めればいい。わたしには不動産を持つ気は一切なしです。手ぶらが一番！　だって、ひとり身で子どももいない。兄弟に残す気はない。それに、この年齢までくると先が読めますよね。あと、10年？　長くても15年？　修繕費も固定資産税もいらない。賃貸の方が気楽でいいですよ。もし災害にあっても賃貸なら、次の賃貸に移ればいいので、気楽です。災害のニュースを見るたびに、持ち家ってお荷物だなあって思うわ」

それはそうだけど……。でももし100歳まで生きたら？　そんなこと考えてる人が、不安だらけになり身動きができなくなるのかもしれない。彼女の余裕の表情を見ていると、そのことがわかる。

「わたし、自分の人生設計は、できているんです。ここでは詳しく話せませんが。逆算して今をどう暮らすか。今を充実して暮らすことしか考えていません」と笑った。

こんなに前向きな人には滅多にお目にかかることがないので、わたしは、驚きを隠せなかった。どうしたらその境地に至れるのか。同じ、ひとり身なのに、揺れているわたしとは大違いだ。すごい。ひとり身女性の見本みたいな人ではないか。

「両親はいい人たちだったけど、それなりに大変でした。親から解放されてわたし、本当に幸せなんです。ひとりは自由で素晴らしいです。わたしは毎日、ひとりの幸せを感じて暮らしています。ひとりが寂しいっていう人がいるけど、わたしには理解できない。親、兄弟、家族、誰にも束縛されないことほど、素晴らしいものはないと思う」

わたしは仕事柄、たくさんのおひとりさまに会ってきているが、彼女ほどはっきりと自分の生き方を語れる人に会ったことがない。その自信の根底にあるのは何なのか。

わたしなりに分析すると、彼女には「ひとりの覚悟」ができている。ひとりで高齢になることから逃げようとしない。どんと、ひとりを受け止めて生活している。そして、今の生活を楽しんでいる。それに尽きるような気がする。

◉さつきさんの超シンプル手ぶら暮らし

さつきさんの手ぶら暮らしはこうだ。

1　洋服は買わない

部屋は50㎡あるが、収納スペースが少ない。そのため、戸建てから引っ越すときに、ほとんどの服は処分した。普段着は季節で1セットずつ。よそ行きの洋服、コートなども全部セットにしてあるので、着るときに迷わずに済む。収納スペースに入る服だけにしているので、引っ越してから洋服は一切買っていない。あるものでも十分だからだ。

2　畑仕事で野菜生活

畑の手伝いのボランティアをしているので、野菜はほとんど買わない。特に夏場は、ひとりでは食べきれないほどの葉物野菜をもらってくるので、全部、ゆでて小分けにして冷凍している。味付けはほとんどしない。もともと、ワインがあればいい人なので、肉はめったに買わない。料理らしい料理はしない。キッチンを汚したくないからだ。

3　お金は芸術鑑賞に

お金は大好きな芸術鑑賞にかける。映画やオペラを観に劇場まで通う日々だ。これが彼女の生きる喜びなのだ。

4　人をあてにしない

ひとりの場合、電球が切れたとき困るという人がいるが、彼女は何があっても自分で解決するようにしている。最悪のときはプロの業者に頼む。

5　貯金もそんなに多くない

年金は国民年金だけなので知れている。実家を売却したが古くて入り組んだ地形にあったため二束三文で売ったという。だからそんなに預金はないが、生きていくには十分だという。

6　家賃は月8万円ほど

生活費は光熱費を含めても月15万で抑えられるという。

●URの賃貸住宅の豆知識

ここで、UR賃貸住宅への入居に関する知識をお教えしたい。というのは、昔の知識しか持ってない方が多く見受けられるからだ。

URは民間の賃貸住宅とは違い、何の制限もない。日本で民間賃貸物件を借りるときは、まず身内の保証人が要求される。60歳以上の人は貯金が1億あっても拒否される。わたしは65歳のときに、マンション売却にあたり、とりあえず賃貸マンションを借りて、次のマンションを購入しようとしたが、賃貸マンション契約日の前日に、断りの電話が入った経験がある。年齢だけで差別する日本社会の壁にぶち当たり、高齢になることの不自由さを思い知った瞬間だった。

しかし、UR賃貸住宅にはそんな差別的な壁はまったくない。保証人なし、礼金なし、更新料なし、国籍差別なし、年齢制限なしなのである。

現在、UR賃貸住宅に住んでいるわたしが言うのだから本当だ。住む前の手続きも、住んでからも何の煩わしいこともない。URの職員が訪ねてくることもないし、清掃が行き届いていていつもきれい。家賃さえ払っていればいいので、ものすごく気楽だ。今後はわからないが、これまでに家賃の値上げはなし。

面倒くさがり屋のおひとりさまには、ぴったりな住み方かもしれない。

「野良猫から幸せをもらってる」お気楽団地暮らし

●75歳。団地暮らしは気楽で最高

裕子さん（仮名）の朝は早い。夏は4時、冬は5時、人が動き始める前に、地域猫たちにご飯をあげにいくのが日課だ。古い団地の良いところは、敷地の中に緑の多いエリアが併設されているので、野良猫が生活できることだ。野良猫といっても、心無い飼い主に捨てられた可哀そうな猫たちだ。

昨今、下町はどうなのか知らないが、町を歩いていて猫に会うことが少なくなった。これは、保護猫団体の活動の成果なのだろうが、猫がいない町は寂しい。

先日、猫好きの90代の友人と電話で話しているうちに自然と猫の話になった。

「ねえ、最近、野良猫ちゃんがいなくなったわね。いつも、外に出ると猫を探しながら歩いているのだけど。いないわね。猫が町から消えちゃったわよ。どうしてかしらね。猫がいない町は寂しいわ」

「そうね」と同調しながらも、わたしは猫に囲まれて幸せな裕子さんのことを思い浮かべていた。野良猫はいるところにはいるのだ。でも、猫を嫌いな人もいるので、おおっぴらに、野良猫をかわいがるわけにはいかない。

裕子さんが住む団地には「猫にエサをあげないでください」の貼り紙が絶えないということだが、その貼り紙の下で堂々と、だけど人目につかない時間帯にひっそりと、毎日2匹の野良猫にエサをあげ続けている。

若い頃は民間の会社を3社ほど渡り歩き、65歳で退職。それ以降は年金の範囲内での団地暮らしだ。

わたしが裕子さんを知ったのは、朝5時のウォーキングのときに、猫と一緒にいる姿を見かけたことにある。愛猫を失ったばかりだったわたしは猫に飢えていて「わあ、猫だ！」と嬉しくて近寄ったのが出会いだった。

確かに裕子さんがかわいがっている猫は猫なのだが、野良猫と家猫は違うなぁと。いくらかわいくても可哀そうに思っても、わたしは冷たいのか、野良猫にエサをあげようとは思わない。なぜなら、宮沢賢治ではないが、嵐の日も、日照りの日もかかさずに、エサをあげ続ける自信がないからだ。だから、眺めるだけで満足している。

◉団地暮らしは一度住んだらやめられない

団地暮らしは、民間の賃貸マンションに比べて、前項でも話したが、家賃さえ払っていれば、何の面倒くさいこともない。集合住宅なので、見守りサービスもあり、安心して死ぬまで暮らせる。ひとり身にとり、サービス付き高齢者住宅に住んでいるようなものだ。

彼女は言う。

「団地は最高よ。楽で楽で楽で。一度住んだら、出られない。もう10年近く住んでいるけど、マンションを買って引っ越す気はまったくないですね。もう一部屋あったらいいとは思うけど、物を少なくすればいいだけなので。それに、昔はこの辺りは不便なところだったけど、今ではスーパー、カフェ、クリニックと何でもあって、ものすごく便利で住みやすい。年を取れば取るほど便利で、ひとりの人には最高ですよ。それに毎日、猫ちゃんにも会えるし」

◉自分の幸せは自分で決める

こんなことがあった。あるとき、一匹のオスのトラ猫が頭にケガをした。猫同士のけんかなのか原因は定かではないが、相当の深い傷だったらしい。彼女はすぐに抱きかかえて動物病院へ向かった。ケガは見た目よりも重傷で手術と入院が必要になった。もちろん全額自費。もちろん彼女が負担した。しかも、恐ろしくなるのは、その子が1か月も入院したことだ。

それを聞いてわたしはお金のことが心配になり聞いた。

「保険がきかないからずいぶんかかったでしょ？」。すると彼女は何食わぬ顔で「うん、50万ぐらいかな」と答えたのには、わたしの方がのけ反りかえった。

野良猫に50万円も？ 入院が延びる可能性もあったらしいが、彼女は毎日面会に行ったという。

裕子さんは、お金持ちというわけではない。ごく普通の会社勤めをしていた女性だ。

しかし、家猫でもない野良猫に、それだけのお金をだせるのは、猫愛が異常に強い人なのか？ それとも孤独なのか？

すると、彼女はわたしの心を見透かしたかのように笑いながら言った。

「ほら、人によってお金の使い道ってあるでしょ。例えば旅行に使うとか、洋服に使うとか、家のリフォームに使うとか、投資に使うとか……。でも、わたしは旅行には行かないし、洋服も買わないので、猫にお金を使っているだけのことよ。猫のために使えて幸せよ」と笑った。

彼女はこう言う。

「わたしは猫からいっぱい幸せをもらっているの。毎朝、5時に団地の玄関でわたしを待っていてくれる。こんな幸せってない。だから、旅行に行けなくても平気、毎日が幸せだから」

わたしは思った。人にはそれぞれの幸せのなり方があると。自分の価値観を当てはめて人を見てはいけないと。

「団地住まいだから」とか、「高齢でひとり暮らしだから」で人を見てはいけない。最近わたしのまわりで70歳で結婚した人がいてびっくりしたが、その人が幸せならそれでいいことだ。わたしだって人から見たら、「いつまで仕事にしがみついているの」と思われているに違いない。

いいんですよ。自分が幸せなら。人がなんと思おうといいんですよ。自分の幸せは自分で決める。人と比較する必要もないし、ましてや後ろめたく思う必要などまったくなしだ。だって、あなたのしもの世話をしてくれるわけじゃないでしょ。

そういえば昔、わたしが猫を飼っていることを知ったきれい好きの友人から、気持ち悪いと言われたことがあったが、人は百人百様だ。お金を何にかけるか、愛情をどこに注ぐか、それだけのことではないだろうか。

人がどう思おうが、自分の幸せは自分で決める。そして、よそ見をせずに、まっすぐ歩いていくだけだ。

「いい所はないけれど、いい所にすることはできる」施設でも楽しくおしゃれに

◉96歳。施設暮らし、母の場合

ひとりの人にとり、「最後は施設で」と考える人は多いような気がする。先日も、75歳、ひとり暮らしの女性から、施設を検討しているが迷っているので、意見を

聞きたいという連絡があったばかりだ。弱々しい声にひとり暮らしの不安が現れていた。

同じ、ひとり身なので、その方の気持ちはわかるが、これまでの経験からわたしはこう言った。「施設は、どんなに高級な施設だろうが、ちっぽけな施設だろうが同じよ」と。意外だったようで、電話の向こうで目を白黒させているのを感じた。

施設入居の決め手は、金額や環境、スタッフの質などの条件では、実はないというのが、今のわたしの結論だ。入居金ゼロだろうが5000万円だろうが、施設に入るというのは、管理側に身を委ねるということに他ならない。それでいいなら、金額に見合ったところに入ればいいと思う。

◉施設嫌いの母が娘に施設に入れられた

一方、ひとり暮らしの高齢者の中にも「施設に入りたくない」と、断固、自分の家にかじりつく人もいる。その見本ともいえる人がわたしの母だ。日頃の口癖は「わたしはこの家で死ぬ」。近所の人が施設に移ったと聞くと「ああ、可哀そうに」と言っていた。そんな母の性格を知っていたので、娘のわたしは、在宅介護のことを密かに勉強していた。

母は良き夫に恵まれた自他ともに認める幸せな人だ。自宅を愛し、生活を愛し、夫を愛し、野良猫を愛し……。その幸せな生活が一変したのは、85歳で亡くなった父の死である。その日から、母の人生で初めてのひとり暮らしが始まった。

しかし、心の内は知らないが、当時78歳の母は、夫がいたときと変わらぬきちんとした生活をすぐに再開した。大好きな家具を磨き上げ、玄関には季節の置物や絵画を飾り、打ち水もしている。ご飯はせっせと自分で作り、近所のお年寄りにおすそわけまでしている。もしかして、わたしの方が先かもと思うばかりの元気さだ。

その100歳まで生きそうな母も、年齢にはかなわず、めまいで頭をぶつけたり、道で転んだり入院することが多くなった。わたしは、その頃、実家から目と鼻の先に住んでいたので、「また?」と駆けつけることが日常となった。

しかし、96歳で転んだときは、3か月も入院。足だけでなく肝臓も腎臓も数値が相当悪く、自宅暮らしは無理と、医師から施設を勧められる。本人は自宅に帰りたい一心でリハビリに励んでいたと思うので、わたしは言い出せないでいたが、母が満足できそうな施設を知っていることを思い出し、そこなら気に入ってもらえるだろうと母に提案すると、母は施設と聞いただけで泣き伏した。

わたしは母に言った。

「お母さん、施設って言っても、今は、変なところばかりじゃないのよ。いいところもあるのよ」

その後のリアクションは早かった。1分ほど泣くとがばっと顔をあげ、「すべて、あなたにまかせる!」と言って後ろを振り返ることなく部屋に戻っていったのだ。母は自分の年齢を鑑み、諦めたのだと思うと、胸が締めつけられた。

◉施設でもおしゃれに。明るく楽しくお世話になる

すんなり施設に入ってくれたのはいいが、こだわりの戸建ての家から9畳ほどの無味乾燥な部屋で目覚めたとき、落ちこんだに違いない。「帰る」と言われたらどうしようと、翌日、ドキドキでケアマネさんに母の様子を聞くと意外な言葉が返ってきて逆に驚かされた。

「お母さんの様子？　ハハハ、ぜんぜん心配いりませんよ。お母さんはすごいですよ。初日から泣いていた？　いえいえ、スタッフに冗談を言って笑わせていますよ。お母さんは素晴らしい適応能力のある方ですね。わたしたちスタッフの方がびっくりさせられています」

ほっとしながら、わたしは心の中で母を見直していた。すごいではないか。愚痴も言わずに受け入れるとは。しかも、まわりを明るくさせているとは。もし、自分がその立場ならできるだろうか。

わたしは思った。母はすべてを受け入れたのだと。そして、過去と比較することをやめ、目の前の現実と向き合い、明るく楽しくお世話になろうと決めたのだ。わたしは仕事柄「いい所があったら教えてください」とよく聞かれるが、今度から、「いい所はないけど、いい所にすることはできる」と答えることにする。

面会の際は、母はもともとおしゃれだが、家にいるときと同じカラフルな服装に、お気に入りのポシェットを下げ、これまたトレードマークのイッセイのプリーツ帽子を頭に満面の笑みで、イケメンスタッフに押されて車椅子でご登場だ。その姿があまりに堂々としていたので、「エリザベス女王か」と心の中で笑ったほどだ。ちなみに母とエリザベス女王は同じ年だ。

4章

「老い」って、楽しむものよ！

――老いは嘆くものではなく、楽しむもの

40歳で「将来に夢も希望もない？」70代だけど夢も希望もいっぱい

◉小太りで長生きより、シュッとした70代でいたい

「あなたのお母さんはわたしたちの見本よ」とよく人に言われる。いつも前向きで明るく、牛肉好きで、お料理上手な母だ。元気で長生きされた日野原重明先生も瀬戸内寂聴さんも森光子さんも、牛肉好きとして知られていたが、わたしの母も大の牛肉好きだった。90歳を過ぎても、焼き肉、ステーキをペ

ろりとたいらげ、まわりの人を驚かせていた。その娘がわたしだ。しかも、体つきや体質がわたしと母はそっくりときている。なので、まわりの人たちは、長生きの話になるとこう言うのだ。

「あなたは絶対に長生きするわよ。100歳は軽いんじゃないの。だって両親ともに長生きでしょ。長生き遺伝子を持っているもの」と。

いい頃加減で死にたいわたしにとり、長生きほど恐ろしいものはない。だから、あえて、健康に良いこと、例えば青汁を飲んだり、スクワットをしたりはしないことにしている。なぜなら、もしそんなことをしたら、120歳まで生きてしまうからだ。わあ～怖い。想像しただけで死にたくなる。

運動不足のせいか、この頃お腹のお肉がたぽつくようになった。

ところが、先日、見るともなくテレビをつけていると、「中高年になると、痩せているより太っている人の方が免疫力もあるので長生きする」と専門家が得意になって話しているではないか。しかも小太りがいいらしい。いやだわ、健康で長生きを目指してないのに、これって、わたしのことじゃないの。

まあ、テレビの健康番組は、視聴者の不安を煽り、病院を儲けさせる目的で放映されているので、どうでもいいのだが、お腹のお肉は大いに気になる。

わたしにとり、健康や死ぬときのことより、今の見た目が大事なのだ。

◉40代女性の憂鬱

年末に新聞社からの取材を受けた。40歳だという若い女性は、日本の今を象徴するかのごとく独身だ。

本来、40歳といえば、希望に満ち溢れているはずだが、彼女はうかない顔でこう言った。

「この先、どうしたらいいのか見えない。老後はどうなるのか。不安でいっぱいです」

人も羨む企業に勤めていて、このセリフがでるということは、派遣やパートで働いている40代がもっと不安なのは、容易に想像がつく。

後日、働きたいが仕事がないと嘆く40代の女性に会った。何度も面接に行ったが、ほとんどがブラック企業だったという。幸い、持ち家なので、路頭に迷うことはないが……と眉をひそめた。

わたしは、そのとき、お金も仕事もない若い女性が急増している現実を目の当たりにした。

昨今は未婚の人が増えたというが、お金も仕事も不安定では、結婚まで気持ちがいかないだろう。独身でもいいが、自分の住まいを購入することなど、できないに違いない。余談だが、わたしのデビュー作『女が家を買うとき』(文藝春秋)を今の女性が読んだら、「仕事もないのに家を買うなんて」と反感を買いそうだ。

出版の世界でも、正規社員ではなく契約社員が多く、正規社員だと思って話していると突然、辞められて面食らうことがある。名刺は正規社員も非正規社員も変わらないので、こちらにはわからない。わたしとしてはどっちでもいいのだが、危うい働き方をしている若者が多いことを思い知らされる。

●70代だけど、夢も希望もある

40代の女性から「将来に夢も希望もない」と言われると、夢も希望もある70代のわたしとしては、何と言葉を返していいかわからなくなる。

40代の人とはあまりに年がかけ離れてしまい、時代の感覚が違うのかもしれないが、わたしは、どんな時代であっても、人間で生まれた以上、夢や希望を持ち続けるべきだという考えだ。

せっかく人間に生まれてきたのに、想像力を持って生きないのはもったいないことだ。

昨今は、40代でも老後の心配や終活を始める人もいると聞く。遺言も相続も大事なことかもしれないが、きちんと死ぬことばかり考えていると暗い年寄りになりかねない。

というわけで、わたしはこれからパリオペラ座にバレエ「椿姫」を観るために出発よ。

「目標があれば元気になれる」77歳。毎日がこんなに楽しい

◉喜寿なんてぜんぜん嬉しくない

今度の誕生日でわたしは77歳、喜寿になるらしい。自覚のないまま喜寿にされるとはトホホ。みんな、こんな感じで自分の年齢に驚きを感じながら年を取っていくのかしらね。しかし、70歳になってからの時間の早さにわたしはついていけないでいる。

「喜寿を記念して、ライブをやったのよ。あなたもやりなさいよ」と華やかな写真を見せてくれた知人もいるが、わたしはあまりはしゃぐ気になれない。だって、ぜんぜん嬉しくないのだから。

しかし、先日、フジコ・ヘミングさんのラ・カンパネラに感動し、10年の歳月をかけて一曲をマスターした60歳の漁師の方の演奏を聴いて目が覚めた。

年齢を嘆いている場合じゃないわ。彼のようにやりたいことをやらないと、人生のシャッターが降りてしまう。彼と競うわけではないが、わたしもピアノを弾きたいという意欲が湧いて来た。

子どもの頃からバイオリンやマリンバなど楽器には親しんできたが、ピアノだけは避けていた。なぜなら、みんなが習うからだ。わたしはみんなと同じが好きではない。でも、彼の挑戦する姿を見てわたしは発奮した。

「わたしもグランドピアノを弾きたい!! そうだわ。ひとりの老後のパートナーは友人知人でもない、ピアノだったのだ」

たまたま書店で手にした『老後とピアノ』（ポプラ社）を上梓した稲垣えみ子さんにも触発された。

１９６５年生まれの稲垣さんは子どもの頃にピアノを習っていたらしいが53歳で40年ぶりにピアノに挑戦することになる。その奮闘ぶりが書かれていた。彼女はまだ50代なので老後ではないと思うが、いいタイトルだ。彼女と競うわけではないが、77歳のわたしは発奮した。わたしこそ「老後とピアノ」ではないのか。

不思議なもので、そう思いたったとたんに、暑さを理由に昼寝ばかりしていたわたしに力が湧いてきた。血液型がO型のせいか、はたまた猪突猛進のイノシシ年生まれのせいか、わたしは目標がないと力がでない性格なのだ。

久々に見つかった目標を前にわたしは思った。人はどんなに落ち込んでいても、目の前にちょっとした目標があれば変われると。

◉「おとなのピアノ」レッスン初日

まずは先生を探さないといけない。そんなとき、たまたま駅近くにヤマハ系列のミュージックスクールがあるという情報を得た。

すぐに出向き、「おとなのピアノ」の体験レッスンを受けることにした。どんな先生かしらとドキドキしながら待っていると、パッパッと歩く長い髪の若い女性が通った。「先生ってあの人なのかしら。好きではないタイプだ」と失望していると、今度は静かそうな若い女性がにこやかに近づいてきて、その人が先生だとわかりほっとする。

何の曲をやりたいか聞かれたので、「トロイメライ」と言うと、難しいらしく「エリーゼのために」を勧められた。「トロイメライ」はシンプルでやさしく思えたが……甘かった。いや、「エリーゼのために」だって、簡単ではないだろう。

グランドピアノの前に座り、図々しくもキイを叩いてみた。その瞬間、久々の幸せ感に包まれる。ああ、この幸せな感じって……。この2年間停滞していた暗い雲が一気に消え去るのを感じた。音楽は救いだ。

しかし、楽譜はなんとか読めるが、指は動かない。ト音記号の右手の音符は読めるが、へ音記号の左手の音符はまったくわからない。「先生、どこがドですか」。汗が出て来た。指はリハビリ状態。やはりバイエルもやらずに、いきなり曲を弾くのは無謀な挑戦なのかもしれない。

●黄色い電子ピアノのお嫁入り

音楽好きの友人に「ピアノ習うことにしたの」と言うと、「ギターはどうしたの?」と。痛いところを突かれた。ギターを弾きたいと高い楽器を購入したが、長続きしなかった。「ピアノはあるの?」と聞かれたが、1万円ぐらいの安いキーボードを買うつもりだった。正直な話、友人に言われるまでもなく、ピアノは好きだが、これまたまったくもって長続きする自信はない。

先生の都合でレッスンは5月からになった。3週間ほど先だ。とにかく中古でもなんでもいいから88鍵のキーボードが必要だ。ネットで探すがよくわからず。どうしようかとピアノが得意な知人に聞くと、「電子ピアノを買うなら大型家電店よ」と言われびっくり。電子ピアノは楽器店ではなくビックカメラで扱っているというのだ。

すぐにビックカメラに向かう。「本当に売っているのかしら?」と疑いながらエレベーターに乗ると、電子ピアノコーナーがあるではないか。見た目には普通のピアノと見間違うほどのものもある。すごい種類だ。わたしが低迷していた間に、世の中は進歩していたのだ。しかし、どれがいいのか迷う。

ふとコーナーに目をやると、黄色の電子ピアノがひときわ輝いて見えた。「わあ、かわいい!! 素敵! 見たことがないわ!」。思わず立ち尽くした。でも、値段を見てガックリ。いくらなんでも初心者のピアノレッスン用にしては高価すぎるので、その日は帰った。

しかし、あの黄色い子が忘れられない。金額の問題ではない。77歳の自分へのプレゼントだと自分に言い聞かせ、翌日、再び売り場へ。ああ、わくわくする。何年かぶりの高揚感だ。生きる力が湧いてくる。

1週間後、黄色いピアノが我が家に届いた。彼女のために空けておいたスペースにうまく収まるかしら。

わあ、来た、来た、来た。まるでお嫁入りみたいだとひとり小躍りする。運んできたお兄さんも「かわいいいっすね」と。

「そうでしょ」と満足げなわたし。

するとお兄さんが「お客さんも形から入る方ですか?」と聞くので頷くと、「僕もっす!」で、二人で大笑いした。

#「残りの人生をどう生きたいですか」余命14年の宣告

●頼りになるのはかかりつけ医

長引くコロナ禍の中で、ふと不安になったことがある。それは、普段、病院と縁のないわたしには、かかりつけ医がいないことだ。

これまでは、それでよかったが、コロナ時代には、すぐに駆け込めるクリニックが必要だろう。死ぬまで病院には行かないつもりだったが、そんなことを悠長に言っている場合ではない。

慌てて周辺のクリニックを調べる。肺が弱いので、呼吸器内科にしよう。ネットで評判も調べ、とりあえず、受診してみることにした。先生と相性が合わなければ、一回でやめればいいだけだ。

さて、どんなところだろうか。ドキドキしながらビルのエレベーターを降り、中に入る。クリーム色の壁が優しい待合室でほっとする。自分が年を取ったせいか、先生もスタッフもとても若く感じる。

呼ばれて診察室に入る。ＨＰのかっこいい写真とは少し違っていたが、正直な先生だ。よいと思ったのはちゃんと患者の目を見て、きちんと聞いてくれることだ。しかも、検査結果の説明も実にわかりやすく丁寧だ。この時点で、わたしのかかりつけ医は決まった。

先生の診断によると、肺よりも気管支喘息の方が心配されるとのこと。風邪の症状が出たら、すぐに来るようにとだけ言われて、帰されそうになったので、わたしは、慌てて血液検査をお願いした。

かかりつけ医にするには、つないでおきたいと思ったからだ。わたしはそのとき、夫も子どももいないひとり身の「老女」にとり、頼りになるのは、良いかかりつけ医なのだと確信した。

1週間後に血液検査の結果を聞きに行くと、若い女性の患者さんばかりで待合室がスイートピーのお花畑のように見えた。今の若い女性は、都会のよどんだ空気のせいで喘息持ちの人が多いのかしらね。わたしぐらいの年齢の人は見当たらない。

検査の結果は予想通りで、コレステロール値が高く、しかもかなり悪玉が多いとのこと。昔から悪玉が多いのは知っていたので、その気はないが先生に薬を飲んだ方がいいのか伺うと、なにやらメモを見ながら言った。

「松原さんは……えーと、74歳ですよね」。「はい」。74歳？　そうだけど、そこを強調されたわたしの心は動揺した。

高齢者と言いたいのか。孫がいないので「おばあちゃん」には見えないはずだが……。自分でもわけがわからなくなる。そうか、一般社会から見たら、わたしはれっきとした高齢者なのだ。

●わたしの人生はあと14年か

若いときから病院に行くと、必ずコレステロール値を下げる薬を勧められていたので、当然、今回も同じだろうと予想していた。そろそろ薬を飲むべきときがきたのか。

実は、先生が見ていたのは、メモではなく平均寿命が書いてある表だった。そして、先生は真顔で言った。

「74歳ということは……、女性の平均寿命は88歳として、残りの人生は、あと14年ですね」

わたしはそのとき、がんの宣告をうけた気がして、我に返った。忙しく動きまわっているうちに、そんな年齢になっていたのだ。先生、大事なことに気づかせてくださり、ありがとう。

確かにコレステロール値も高く悪玉も多いが、肝臓の数値が正常なこと。その関係性など、ここは医学部の講義室かと思うほど丁寧に話してくれた。

「74歳ということは……、あと、14年をどう生きるかってことですよ。薬を飲んで長生きしたいのか、体のことを忘れて、残りの人生を生きたいのか……。松原さん次第です」と言うではないか。

お見事！　そういうことですよ。わたしは嬉しくて、小学生のように元気な声で、お礼を言うと、診察料260円を支払い、外に出た。ああ、なんて空気がおいしいのだろう。

「余命14年か」。そのつもりで、毎日を一生懸命生きないといけないいな。些細な人間関係のことで悩んでいる暇なんかないわ。コロナ禍のどんよりした空気の中に久しぶりに光を見た気がした。

余命14年と告げられたあの日から3年が経ち、わたしは77歳になった。そして、余命は当然のことながら、14年から11年と短くなった。この3年の間にわたしは何をしただろうか。コロナ禍を理由に建設的なことは何もしてこなかった気がする。

わぁ、もったいないことだ。77歳はまだ若いと93歳の友人は言うが、そういう問題ではないのだ。今の年齢でやれることをやっておかないと、やりたいときには膝が痛い、腰が痛いとできなくなる可能性がある。

まわりの同世代の人は口を揃えて言う。「70代に入ると時間が経つのが早い」と。そして、80代の人は「80代になるともっと早い」と脅かす。

さて、あなたの余命は何年ぐらいですか？　余命で自分の人生を見るようになると、何をすべきかが見えてくるのでお勧めしたい。

もし、余命以上生きてしまったら、あとは自然の神様におまかせだ。

65歳過ぎたら、レタスにご注意を！

◉レタスが喉に刺さって死にそう

久しぶりに、ひとり暮らしの女友達にご機嫌伺いの電話をすると、「最近、救急車に乗った」と言うではないか。

「えっ？　部屋で倒れたの？」

びっくりして理由を聞くと、ケロリとした口調で、

「レタスが喉に刺さったのよ」

「レタスが刺さった？」

意味がわからずきょとんとしてしまったが、救急車に乗ったというのだから大事に違いないと思った。事のいきさつはこうだ。

彼女の好物は、ロメインレタス。ロメインレタスはどこのスーパーでも売っているわけではないので、見つけたときは必ず買うという。

その日も、昼間に見つけたロメインレタスをいただこうと、上機嫌で遅めの夕食をとった。テレビをつけ、ソファを背に座りリラックス。ワインを飲みながらロメインレタスのシーザーサラダをいただく。そんなひとり暮らしの至福の時間にアクシデントは起きた。

「レタスが喉に刺さったままで息ができない‼　わたし、このままひとりで、死ぬかと思ったわ」

がんの大手術で死の恐怖を経験した人の言葉だっただけに、そのときの恐ろしさが伝わってきた。

自分もそうだが、最近の65歳以上の人は、見た目も行動も年の割には若いので、高齢者の自覚があまりないように思われる。しかし、これからは魚の骨だけでなく、レタスにも注意が必要になりそうだ。

これが昼間なら、騒げば誰かが飛んできてくれるが、隣の人も知らない、ひとり暮らしの夜の部屋でこのようなアクシデントが起きたらと、想像するだけで怖くなる。

「もう誰でもいいからそばにいて!!」と叫びたくなるが、誰でもよくないから、ひとりなのですよね。

●どこの病院も受け入れてくれない

夜8時の出来事に彼女は慌てた。喉が詰まった感じは、ゴクンとしてもとれない。息はなんとかできたが咳込んでしまい苦しい。しかも咳はどんどんひどくなる。

結論から言うと、真っ暗な中、近くの消防署まで走り、外に設置されていた電話で事情を伝えると、救急車に乗せられ、病院に運ばれることになったわけだが、ここで彼女は現代の救急状況に直面することになる。

咳がひどく、話すのも困難な中、救急車内で問診を受ける。救急隊は受け入れてくれる病院を探すため、電話をかけまくるが、ことごとく断られる。その間、1時間。苦しいまま1時間も彼女は救急隊員の質問に答えるはめになった。仕事熱心な若い救急隊員は、彼女に、当たり前の質問をした。

「身内の身元保証人はどなたですか」

彼女は一瞬戸惑ったが、黙っているわけにもいかないので、「いません」とはっきり答えると、救急隊員はそんな人がいるのかと言わんばかりに、あっけにとられていたという。

そこで彼女はしかたなく言った。

「いることはいますよ。97歳の母ならいます」と答えると、無言になったという。

これがひとりの人を認めようとしない日本社会の悪しき現実ではないだろうか。いまだに身内がいるのが当たり前という前提で社会が動いている証拠だ。今の政治を見ていても、家族がいるのが当たり前、いない人は変人扱いだ。この国は人権のない国だとつくづく思う。でも、そのことについて戦わないわたしたちも悪いのだが。

1時間あまりの救急隊員の奮闘の末、いわゆる大病院からはことごとく断られ、町はずれにある個人の小さな病院が受け入れてくれることになり、彼女は胸をなでおろす。

親切な医師は、喉の様子を見るために、コップの水を差し出すと、喉がからからだった彼女はゴクゴクと一気に飲み干した。すると、「あら？　なにか変？」。喉が通ってしまったのである。最後は、落語のおちまでついた話になったが、笑えない話だ。

皆さん、レタスを食べるときは、30回嚙んでから飲み込んでくださいね。もうそんなに若くないのだから。

誰にどう見られようと、60代の頃より70代の今がいい

◉好きな作業に没頭できる至福のとき

涼しくなったせいか、頭がクリアになり、布花作りをする余裕がでてきた。「死にたくなる！」と猛暑の夏はやる気力を失っていたが、人間不思議なもので、寒くなるとあのときの辛さを思い出すこともできない。だから、生きていけるのかもしれない。

年に1冊書き続けている書き下ろしも終わり、辛い仕事から解放されほっとしているところだ。

さあ、これで、今まで手をつけることができなかった大好きな布花作りに没頭できる、というわけで、布花を作りまくっている。

手芸が好きな人はおわかりだと思うが、モノ作りをしていると、手先に集中するので、余分なことを考えずに済むのがいい。昔、母親が夜なべして靴下を繕ったりセーターを編んだりする光景をよく見かけたが、あれは心を整える時間でもあったのかもしれない。

現代はなんでもお金を払って外に癒しを求めるが、わざわざ瞑想やヨガ、マッサージに通わなくても、手芸が好きな人は、心が落ち着いているような気がする。また、手芸は作っている過程だけでなく、出来上がりも楽しめるので、最近、憂鬱だなという人にお勧めしたい。

部屋中に材料を広げ、そのまま寝床につき、翌日もすぐに作業に取り掛かる。

片づけないでいい幸せに浸りながら作品を作り上げる究極の時間。
ああ、なんて幸せなのだろうか。普段は「いつ死んでもいい」と豪語している
わたしだが、布花作りをしていると、「まだ、死にたくない」と本気で思う。

◉「ひとり暮らしの高齢者」ってわたしのことか

先日もそんな至福のときを過ごしていると、玄関のピンポンが鳴った。昼間に
ピンポンって誰なの？　新興宗教の勧誘か？　ＮＨＫの集金か？
モニターを恐る恐るのぞくと、小柄な普通のおばさんだったので出た。普段は
用心深くしているので、知らない人のときは出ないことが多い。手に作りかけの
花びらを持ちながらドアを開けると、モニターで見るよりもずっと老けた白髪の
おばさんというよりは、お婆さんが立っていた。老人会の人か。
「何でしょうか」とわたしが聞くと、その方は戸惑った様子で、抱えていたチラ
シを渡しながら、何度もチラ見しながら言った。

「あの〜、わたしは民生委員の○○と言います。この地区に住む『70歳以上のひとり暮らし』の方を担当させてもらっています。困ったことがあったら……」

70歳以上のひとり暮らし？「ひとり暮らしの高齢者」という言葉に、頭を後ろからハンマーで叩かれた気がして、すぐに反応できなかった。

SSSの活動を精力的にやっている（足りないところもあるが）わたしは、SSSでは年齢を感じないが、一般的にはれっきとした高齢者なのだ。

死ぬまで、高齢ひとり暮らしの人に元気を配達したいと思っているのに……。シングルで長く生活していると世間とは感覚がかけ離れてしまうのかもしれない。それが悪いこととは思わないが、「自分は高齢者なのだ」と強く実感させられた。

「自分は若い」と言うつもりはないが、頭も体もまだそんなに弱っていない。膝の調子もどういうわけか、60代のときよりも今の方が調子がいい。仕事だってまだ続けている。でも、世間から見たら、ひとり暮らしの高齢者のなかのひとりでしかないのだ。

民生委員の方は、わたしが想像していた高齢者とは違っていたようで、言葉少なだった。でも、今は、必要なくても、地域で誰かが見ていてくれるのはいいことだ。お世話になってもならなくても、相談できる人がいるのはありがたいことだ。

「はい。ありがとうございます。何かあったときは、連絡させていただきます。ご苦労さまでした」と頭を下げた。

民生委員は、目につくところに貼るようにと、名前と電話番号の書かれたステッカーを渡し、帰って行ったが、まだ一度も電話する必要がないのは、ありがたいことだと思う。

5章

「孤独」こそ最高の老後

——「ひとり」が一番自由で幸せ

ガッツポーズしたいくらい。ひとりは年を取るほどに最高！

●ひとり身の良さは日増しに増える

嫌なニュースばかり目に飛び込んでくる昨今だ。霞が関のエリートだった人が息子を刺してしまったり、80代の夫が妻を刺してしまったり。家族間での殺傷事件は後を絶たない。

「でも、気持ち、わかる」と言ったら、刺されそうだが、家族と同居していなければ起きなかった事件ではないかと、こういう事件が起こるたびに思う。

わたしも母親と同居したことで、家族だからこそ殺傷事件に発展するのがわかるようになった。

なんでも経験ですね。建前では語れないことがある。そういう面では、母との同居で得たものはわたしにとり大きく、物書きとしては必要な経験だったような気がする。

わたしが主宰している「ひとり女性の老後を応援する会」SSSネットワークの会員のほとんどがひとり暮らしだ。ここだけの話だが、それは正解ですよ。若いときのひとりはちょっぴり寂しさが漂うが、高齢者になると、ひとり身の良さが日増しに増え、ガッツポーズをしたいほどになる。だって、自由だもの。大きな声では言えないが、死ぬのも自由なのよ。

先日、大手企業勤務の30代の女性からつきあっている人がいるが、結婚したらいいのか、迷っているという悩みを聞いた。

10年前のわたしなら、「相手がいるなら結婚した方がいい。家族は宝よ」と背中を押しただろうが、今のわたしはそういう心境になれず、「籍を入れないでそのままの関係でいたらどう?」と本音でアドバイスしてしまった。

30代、40代のときは、心のどこかで結婚に憧れているものだ。わたしもウェディングドレスに憧れ、着てみたが、1日で飽きた。まあ、わたしは特殊かもしれないが、結婚が幸せだと思えるのは、新婚から3年ぐらいまでかな。あとは我慢の日々。もちろんいつまでもラブラブの人もいるが稀だろう。

これからの時代は、長生きするので老後がとてつもなく長くなる。古びた夫との年金暮らしの妻が増えるだろう。わたしなら死にたくなるが。

SSSの会員から「今はいいけど年を取ってからがひとりは不安」という声をよく聞くが、誰かに幸せにしてもらおうという気持ちがあるから出る言葉で、「自分を幸せにするのは自分」と知れば、不安は消えるはずだ。

正直言って、誰かがいつもそばにいるのは煩わしい方が大きい。しかも、年を取れば取るほどそう感じるようになる。もし、ひとりで病気が心配なら、救急車を呼べばいいだけのことだ。病院に行けばいいだけのことだ。

◉ひとりで楽しめるものを探しておこう

わたしはこれまでに、友達や仲間の必要性を感じ、話してきたが、友達もひとりいればいいだけで、別に無理に作るものでもないと、実は思っている。

わたしたち人間のストレスの原因は、人間関係だ。金銭問題でも健康問題でもなく、人と関わることによって起こるものだ。

どんなにいい人と思って友達になっても、付き合っていくうちに「何なのあの人」に変わる。自分のことはさておき、相手の細かいところが気になるのが人間だからだ。

老人は老人が嫌いだ。人は幸福な人が嫌いだ。好きなのはこの自分だけ、許せるのはこの自分だけ。本音で自分と向き合おうよ。

家族は嫌いでも縁を切ることができないが、友達はいつでも入れ替えることができるのでいい。しかし、深い関係は禁物だ。

歌舞伎役者や歌手が遠くから見るから憧れることができるように、友達もあまり近づきすぎないのが、良好な関係を続ける上での鉄則だ。

母を見ていて気づいたのだが、どんなに社交的でアクティブな人でも85歳を境に行動範囲が狭くなる。また、友達も同じように年を取るので、行き来しなくなり、ひとりでいることが多くなる。

だから、ひとりが不安だとか馬鹿なことを言っていないで、不幸にも長生きしたときを想定し、今から、ひとりで楽しめるものを探しておくべきだろう。テレビを観て過ごすには老後は長すぎる。

孤独を味方に付ける言葉のマジック

◉わたしは、ロンリーではなくソリチュード

幸せなひとり暮らしの基本は、孤独力ではないだろうか。孤独は、ロンリー（＝ひとりが寂しい）と、ソリチュード（＝ひとりを好み、愛する）で表現されるように二面性を持ち合わせている。日本人のわたしたちは、孤独というと「寂しい」を連想しがちだが、欧州では、孤独は自立と自由を意味する。

わたしも、「孤独だなあ」と言うとき、寂しい気持ちを表すために用いることが多いが、ひとりぼっちの自由という素晴らしさもあるのだ。

自分を楽しませるのは人ではなく自分。寂しい気持ちに襲われたとき、人と会って気持ちを紛らわすのはいいが、そこでぐっと耐えて、自分で自分を楽しませる方向に気持ちを向けてみたい。なかなか、難しいことだが、寂しい気持ちを埋めるために人を求めないことだ。人を利用して孤独を回避しないことだ。

誰もが、人間である以上、孤独だ。理由もなく寂しくなったり、電話が鳴らなくて寂しくなるとき、「自分はなんて孤独なのだろう」と、暗い気持ちになるものだ。まだ、生命体が若いときは、忙しさで紛らわすことができるが、老いが孤独を加速させる。何もしないでいたら、家から一歩も出ずに孤独地獄の中で息絶えることになりかねない。

「こんなに明るいひとり暮らしなら、長生きしてもいいかな」と思わせる人の共通点は、強い孤独力を持っていることだ。彼らは、むやみに寂しがらない。それどころか、心の中は知らないが、いつ会ってもにこにこしている。ひとり暮らしで話し相手も子どももいないのに、である。

彼女らが口々に言うのは、「ひとり暮らしは煩わしい人間関係がないからいい。夫や子どもがいないのは寂しいどころか自由でいい」と。

◉「寂しい」って言ってる時間がもったいない

「誰もいないって、せいせいして最高よ。教えてあげたいわ。ひとりの素晴らしさを」とピンクの口紅がかわいい88歳の女性が言っていた。

病気になったときや何かあったときのことを考え、人を求めて不安になる人は多いが、それは違うと88歳のひとり暮らしの女性は言う。「人は孤独な暮らしと言うかもしれないが、自分は自由を謳歌して生きている」と。自分で一日のスケジュールを決め、それにしたがって行動する。今日は料理を作ろう。明日はウォーキングに行こう。ひとりで晩酌しながらスポーツ中継を見よう。

すべてが自分次第で動ける自由な生活は最高だという。そして、ここがわたしの好きなフレーズなのだが、90歳近くになると、命の短さに気づき、もう寂しいなどという感傷に浸ってられないと言った。「寂しいって言ってる時間がもったいないわ。その時間楽しんだほうがいい」と。

同じ高齢でも、今までの生きて来た道が違うように、心持ちも大きく違う。いつまでも寂しい人、いつまでも人を求める人もいれば、ひとりの自由を謳歌している人もいる。これからの時代には、老いて孤独を楽しめる人が勝ちだと、わたしは素敵なアラ90《ナインティ》（アラウンド90歳）に会うたびに思う。

寂しいなあと言ってないで、感謝の言葉を使うようにしたら、力が湧くはずだ。ひとりを満喫している90歳の方は、毎晩寝る前に、自分の体の部位に手をあてて、「ありがとう、心臓さん」「ありがとう、膝さん」と感謝を捧げるそうだ。そうすると、体が喜ぶのがわかり、明日も楽しく生きようと思うのだそうだ。

皆さん、努力しているのだ。孤独を味方に付ける自分なりの言葉のマジックを持っているのだ。

●年を取るのが楽しくなる「色のマジック」

時々、電車の中で目を引く素敵な高齢者を見かけることがある。わたしはそんなとき、心の中で言う。「わぁ、お花のようだわ!」。

先日、地下鉄で見た80代くらいの女性の服装は今でも目に焼き付いている。上下赤のイッセイ・ミヤケのプリーツの服に、オレンジ色の帽子をかぶっていた。ビビッドな色が本当によく似合う。思わず声をかけそうになるほど、その方が車内にいるだけで、こちらの気持ちも明るくさせられた。

ものすごくおしゃれである必要はないが、65歳を過ぎたら、きれいな色を身に着ける意識を持ちたい。無彩色やくすんだ色は無難だが、実は、きれいな色は老いてこそ似合う。お願いだから、今日から変わってください。そうすれば、まわりの人から「きれい」「かわいい」と言われて大事にされ、年を取るのがもっと楽しくなるはずだ。

気持ちが荒むときは暗い色に手がいくものだ。グレーと黄色の服があったら、グレーに手が伸びる。黄色に手が行くときは、心が晴れやかなときだ。でも、逆も真なりで、自分の老いにうんざりしていても、黄色を着て外に出ると、不思議と元気になれるものである。色の力を借りて、うんざりする老いから逃れ、いきいきした自分になりたい。

90歳の方が言っていたが、「鏡を見るたびに、自分のしわくちゃな顔にがっかりする」と。それは本音だろう。だからこそ、明るい色の服や小物を持ち、出かけると言っていた。不思議なもので、こんな色は似合わないと思えるショッキングピンクでも、しわしわの顔には、よく似合う。

わたしが知る90代のいきいきした女性の共通点は、「孤独を味方に付ける言葉のマジック」や「老いを楽しむ色のマジック」を持っていることだ。令和の時代を生きる90代は、そんな魔法を巧みに使う、賢くかわいらしい魔女たちだ。

「楽しい日々は十分に味わった」猫から自由になったわたし

◉「猫を飼ってからは、泣くことはなかった」

先日亡くなられたフジコ・ヘミングさんが猫好きなのは皆さんの周知のとおりだが、ドキュメンタリー番組の中で言っていた言葉に、はっとさせられた。90歳でひとり暮らしのフジコさんの心を支えていたのは猫たちの存在だったからだ。

彼女は言った。

「絶望の日々の中でも、猫を飼ってからは、泣くことはなかった」と。考えてみると、わたしも猫が家に来てから泣いたことはなかった。

ここ2年間、わたしにしては珍しく驚くほど元気がなかった。母が亡くなったこともあったが、母には申し訳ないが、一番の原因は、長い間一緒に暮らしてきた愛猫を亡くしたことだ。猫のいない生活がこんなに寂しいものだとは知らなかった。ひとり暮らしは快適と豪語していたが、猫がいたからだと失ってから気づかされた。ああ、猫はなんて素晴らしい生き物なのだろうか。ありがとう！　やっぱり、猫は神様が人間にくださった贈り物なのね。

保護猫を見にいったりもした。近所の人から黒猫を保護しているけど……と見せてもらったこともある。しかし……、しかし……。大人の猫は、なんだか辛い人生を背負っているようで、「はい」とは言えなかった。どんな猫でも好きだと思っていたが、そうではなかったようだ。結婚も離婚も買い物もなんでも決断の早いわたしなのに迷いすぎて決断できない。

そういえば、SSS会員の中に88歳で子猫を飼った人がいた。彼女曰く、「わたしは100歳まで生きるから猫より先には死なないわ」と超楽天的だったのには驚かされた。わたしはどうも遺伝的には長生きらしいが、そんなことは鵜呑みにはできない。70代後半という自分の年齢、まだまだ若いと言う人もいるが、大腿骨骨折や脳梗塞などになっている人は多い。自分は100歳まで元気だと思える人は、もしかしてすでに認知症予備軍か。

猫を飼えない理由は、自分の年齢のことだけではない。昨今の気候変動や自然災害の多さなども気になる。猫は足手まといになる。そんなことを考えると、どうしても猫を飼うことにブレーキがかかってしまうのだ。

新しい猫を迎え入れれば、その日から元気がでるのはわかりすぎるぐらいわかっている。想像しただけで笑顔になる。誰かが待っている家に帰るのはわくわくする。そう、わたしは人間といるより猫といる方が落ち着くのだ。そんなことは百も承知だ。なのに積極的になれないのは何なのか……。ああ……。

◉「自由に生きなさい。自由ほど素晴らしいものはない」

そんなある日、もうひとりのわたしがささやくのが聞こえた。

「あなた、猫との楽しい生活はもう十分に味わったでしょ？」

おっしゃる通りだ。もしかして、猫のことばかり考えていて、猫より大事なことをわたしは見失っていたのかもしれない。そこで77歳のわたしは考えた。

そうだ、わたしにはもっとやるべきことがあるのではないか。それは、ひとり身の女性たちに元気を配達することではないのか。自分から「元気の配達人」と名乗っているにもかかわらず、自分の幸せばかり考えているから八方ふさがりになっているのかもしれない。そのことに気づいた。

不思議なもので、そう思ったとたんに、猫のことが吹っ飛び、我に返った。ああ、2年ぶりの我だ。猫がいれば束縛されることが多くなる。77歳のわたしに猫に膝を貸している時間はないわ。だって、わたしはサラリーマンではないのだから、老後はないし、性格的に老後をのんびり暮らせる人ではないのだから。

そういえば、うちの父が生前によく言っていた言葉がある。父は子どもに価値観を押しつけたり、心配だからこうしろと言うことが一切ない人だった。だから、わたしはいつものびのびしていた。

その父の言葉、それは「自由に生きなさい。自由ほど素晴らしいものはない」であった。当時は、よく理解できなかったが、この年になると納得できる。人生で一番大事なものは、お金でも家族でも仕事でもなく自由であること。戦時下に置かれている国の現状を見ると、自由がいかに大事かわかる。でも、日本だって、いつ自由が奪われる日が来るかもしれない。いや、もうすでに、言論の自由は奪われつつある。

これは自分に言っているのだが、だから、自分がひとりだと言って嘆いたり、不安になってはいけないのだ。ひとりは自由なのだから。尊敬していた人生の師が30代のわたしにこう言ったのを昨日のことのように思い出す。

「じゅんこさん、ひとりだからって言うけど、家族、親戚がいないのは、幸せなことよ」

わたしは心の中で、「そんなの違う」と、首を横に振っていたが、人生の師は笑いながら言葉を続けた。

「ひとりは、自由で幸せなのよ」。もちろん、未熟なわたしは、そのときにわかるはずもないが、今は深すぎて泣きそうになる。

人生を教えてくれた人はもういない。そして、わたしはみなしごハッチになろうとしている。わたしは自分に問う。

「あなたは、今、自由で幸せですか」

久々にみなしごハッチが笑いながらお花畑を飛び回っている姿が浮かんだ。

「アハハ、そうよ、猫をなでているより、わたしにはやるべきことがあるじゃないの。飛び立つわよ」

こうして、ついに、わたしは猫から自由になれたのである。

70歳。孤独を味方に付けたら心から幸せになった

●40代、50代は孤独を封印

日本人は孤独を嫌う民族なのか、ひとりでいる人を寂しいと決めつけるところがあるように思う。最近は言われなくなったが、わたしもよく「ひとりって寂しいでしょ?」と言われたものだ。

現に、30代のときのわたしは寂しかった。まわりの人はほとんどが結婚して新

しい家族を作っているのに、シングルのわたしは相変わらずのひとり暮らし。同じシングルの友達はいても、その友達もすぐに立場を変え結婚し、あちら側の人となった。そして、この間まで励まし合っていた仲なのに、「ひとりで大変ね。寂しくないの？」と平気で口にするようになる。結局、傷をなめ合っていただけの友達だったのだ。

思い返すだけでぞっとするが、30代だというのに、わたしは自分がどう生きたらいいかわからずさまよっていた。約90％の人が結婚する時代に、わたしだけがまだ人生の目標も定まらず、取り残された感は半端ではなかった。夫はいない、仕事はない、お金もない、ないないづくしの3点セット。わたしって何？　相当の馬鹿か？　自分を責める毎日。このまま老いていくの？　それがわたしの人生か？　孤独に押しつぶされそうな毎日。夜になるとわけもなく泣き、踏切を見ると吸い込まれそうな衝動にかられた。

見た目は派手だったが、いつも心の中はブルーだった。針で突かれたら、水があふれてペシャンコになる水風船のようだった。その孤独を埋めるためにつまんない相手と付き合っていたのもその時期だ。二人でいてもわたしの孤独は一秒たりとも癒されることはないのに、誰かと一緒の形を取らずにいられなかった。

みんな大人になると、現実的になるものだ。孤独な人生を避け、妥協して結婚する人も多い。いえ、孤独など感じないまま敷かれたレールに乗っていく人もいる。当時は、シングルの人が少ない時代だったので、現代とは社会背景がかなり違うが、30代の当時を振り返るとき、わたし以上に孤独な人もいなかったのではないかと思うほどだ。

そんな孤独地獄の中で、作家デビューすることができたのは、奇跡としか言いようがない。きっと孤独の神様が、見るに見かねて助け舟を出してくれたのだろう。

40代、50代はありがたいことに仕事で忙しく、充実した日々を送っていたので、孤独のことを考えたことはなかった。住む家もあり、仕事もあり、多少の蓄えもできた。友達もいる。物書きを目指していたわけではないが、人に頼らずに経済的に自立できた喜びに浸っていた。

◉60歳。封印した孤独が再び顔を出した

しかし、60歳の還暦を迎えたときに、また、封印していたあの孤独が顔を出し始めることになるとは、自分でも驚きだった。心に寂しい風が吹き出したのだ。自立はしたが、今はいいが、もっと年を取っても、ひとりで堂々と生きていくことができるのか。ひとりの老後は甘くないのではないか。それを実感するようになり、また、それを見せつけるような現実にわたしは直面した。

自宅とは別に一時的に賃貸マンションを借りようとしたところ、不動産会社から断られたのだ。理由は、60歳過ぎのひとり暮らしだからだった。頭を後ろから殴られるほどのショックを受けた。自分は自立しているつもりだったが、社会は認めてくれない。

子どもがいないというのは、老いてからこういう目に遭うのか。このまま年を取ったら、どういう扱いを受けるのか。家族のいないわたしは、ひとりぼっちにされるのだ。いや、ひとりぼっちなのだ。いや、捨てられるのだ。

60代は、自分の孤独とどう向き合って生きていけばいいのかを探っていた。宗教の必要性も感じ、お寺にも通った。

◉「孤独を避ける」より「孤独を愛そう」

そして、ついに本格的にシニアに突入した70歳を迎えたときに、「孤独への恐怖」が「孤独を愛そう」という気持ちに変わった。ジョルジュ・ムスタキの「私の孤独」でも歌われているが、孤独を友達にしていけばいいことに気づいたのだ。

そこに気づいてからのわたしは、自分でもびっくりするほど人を求めなくなった。昔はパートナーがいないことを寂しがったり、家族がいる人を見ると幸せそうに思ったりすることもあったが、今はまったくなく、むしろその逆だ。「ひとりでよかった」と心から喜べる自分がいる。

女友達も同じだ。仲良くしている友達はいるが、生涯ずっと一緒とは思っていない。そうなればいいが、そうならなくてもいい。団体活動をしているので、いつも人のにぎわいはある。特に親しい人がいなくても、その程度の人間関係で十分だ。

以前はあんなに身近に人を求めていたのに、今は「誰もいなくていい」という心境になった自分を褒めてあげたい。

また、人を求めなくなったら、他人に少しだけだが優しくなった。誰とも会わずに、ひとりで音楽もかけずに、静かに家にいると以前は寂しかったが、今は心が落ち着く。専門家によると、70代はもっとも体が安定するときらしいが、精神も同じように安定するのだと、体験から思う。

孤独老人と言われようが、自分が幸せならそれでいい。

孤独を愛せる人は、どこに住んでも幸せになれる

◉都会の便利さが幸せの標準ではない

この日本には、こんなにも至福の老後を送っている人がいるのかと感心させられるのが、所ジョージさんがMCを務める『ポツンと一軒家』というテレビ番組だ。毎回見ているわけではないが、ひとり夕飯をとりながらチャンネルを回していると、この番組に出合うことが多い。

近年のテレビ番組のくだらないことといったらない。バラエティでは下品なお笑いを見させられ、NHKもためになるドキュメンタリーを作らなくなったので、本当に見るものがない。それで高い受信料を取ろうとするのだから、この国の行く末が案じられる。

『ポツンと一軒家』は、衛星写真から山奥にポツンと存在している家を探り当て、陸路でその場所を目指すのだが、道もないような奥の奥に家がある。そして、住んでいる人がいる。隣の人はいない。あるのは自然だけだ。

たいてい、そんな山奥の一軒家に住んでいるのは老人だ。昔は村だったらしいが、年月とともに子どもたちは村を去り、結婚し、もどらなくなっているうちに、夫婦だけになった。老夫婦は、ただ暮らしているうちに年を取った。そして、テレビ番組の取材が来た。

レポーターは盛んに「こんな山奥で不便じゃないですか？」と聞くが、ポツンと一軒家で暮らしている夫婦はいたって幸せそうだ。

二人は便利さを求めて暮らしているわけではない。二人とも腰は曲がり、都会の人間からすると、よく他人のヘルプなしに暮らしているなあと思うかもしれないが、本人たちは、夫婦仲良く助け合って暮らしているだけなのだ。

また、ひとり暮らしの男性もいた。レポーターが「病気になったらどうするんですか？」と馬鹿な質問をする。病院がないと老人は暮らせないと思っているのか。目の前に病院がなくても幸せに暮らしている人がいるのに。レポーターのあなたは都会に毒されてしまっていて、自分の生活が標準と信じ切っている。ああ、なんて想像力がないのだろう。彼らはただ、自然とともに暮らしているだけではないのか。

◉幸せとはひとりの時間を満喫できること

誰も来ない自然の中で、ひとりで暮らせる人は、孤独の素晴らしさを知っていて、それを十二分に味わって生活している人だ。静かな環境の中で、うるさい人間関係に煩わされることもなく、自分と対話して生活しているので、心も研ぎ澄まされているに違いない。

幸せとは、誰かがいることでも、誰かと心が通じていることでもなく、ひとりの時間を満喫できることではないかと、わたしは思う。

番組を見ながら、山奥でひとり暮らしの人を素敵だと思いながら、自分がそうしたいかというと、それは無理だ。なぜなら、わたしはまだ修行が足りていないので、人の悪口を言いながら、みんなで安いワインを飲みながらおしゃべりするのが好きだからだ。

わたしの至福の時間は、このうす汚れた都会の中で同じ価値観をもつ仲間と社会批判をしながらおしゃべりすること。

孤独を愛する人たちの心はバタバタしていない。静かで淡々としていて、しかも人に優しい。

本当に幸せな夫婦というのは、二人で協力しながら自然と向き合い生活を続けている人なのかもしれない。
モノがあふれ、欲望をかき立てられる都会では、お金に関心がいくあまりに、
夫婦円満は難しいのかなと思う。

ひとりだからこそ、できることがたくさんある

●孤独こそ、好きなことに没頭できる時間

確か、テレビ番組『徹子の部屋』に登場した女優の故中村メイコさんが、大女優の山田五十鈴さんの思い出を語ったときに話していたことだが、今でも強烈に覚えていることがある。それは、山田五十鈴さんがメイコさんに言った言葉だ。

「女優を含め芸術家は、家庭を持ったら終わり。家庭を持つと守るものができる

ので、仕事に100％没頭できなくなる。本物の芸術家は家庭を持たず、孤独であるべきだ」と、そのようなお話だった。

それを聞き、既婚者のメイコさんはえらく納得したという。「家族も大事な自分は本物の女優ではない」と気づいたという。

わたしも大好きだった太地喜和子さんを、本物の女優だったとメイコさんも認める。彼女の素晴らしい演技は、孤独なくして生まれなかった。そこが自分と大きく違う点だというようなことを、メイコさんは話されていた。

わたしはそのときほど、孤独の素晴らしさに気づかされたことはなかった。研ぎ澄まされた感性は、安心した日常からは生まれないのだ。

誰もが知る偉大な芸術家、ミケランジェロやダ・ヴィンチもひとり者だった。比べる人が大き過ぎたが、孤独でなければ芸術は生まれないし、たとえ、どんな小さな芸術、写生をする、詩を書く、書道をする、モノを作る、楽器を弾く……。どれも、孤独でなくてはできない。もし「孤独」を寂しく思うなら、孤独でしかできない芸術に没頭したらどうだろうか。

「もう年だから」などと言っていないで、人生100年時代では、今80歳でもまだ20年以上もあるのだから、今から始めても遅いことはない。

もし絵を描くのであれば、まずは「二科展」（公益社団法人二科会が主催する、絵画や彫刻や写真の展覧会）を目指す。写真撮影が好きなら岩合光昭さんの後を狙い、猫の写真を撮りまくり、猫島にしばらくこもる。読書が好きなら、図書館の本を片っ端から読み、読書ノートをつけ評論家を目指す。ラーメンが好きなら、日本中のラーメンを食べ歩き、『お婆さんのラーメン日記』を出版する。例えば、このような感じで。

人を求めずに、自分が好きなことに没頭すれば、「寂しい」という感情は湧かなくなる。ということは、毎日が日曜日の定年退職者は、芸術家になれる要素を持っていることになる。

まずは時間だ。年金生活者には、24時間も自由時間がある。次に資金。少ないかもしれないが、働かずして入る年金という収入がある。それから健康。視力は落ちていても、自力で動ける体力はまだある。この3点が揃っているのは、今しかない。

「孤独」はシニアのよきお友達だと気づき、孤独というお友達を連れて〝好きなことに没頭〟したい。ここでわたしが強調したいのは、〝ただ好きなことをして過ごす〟のではなく、〝好きなことに没頭〟。〝没頭〟というのがミソだ。岡本太郎さんの「爆発だぁ」ではないが、「没頭だぁ」と叫びたい。

◉老いてこそ、できることはたくさんある

ちなみにわたしは、この書き下ろし原稿の執筆が終わったら、オリジナル曲作りに〝没頭〟するつもりだ。今年の「NHK紅白歌合戦」には間に合わないかもしれないが、次の「紅白」もあるので、わたしの作った曲で日本中を元気にする気でいる。誰に頼まれたわけではない、わたしの勝手な妄想だが、そんなことは

どうでもいいことだ。

なぜなら、ひとりで没頭する時間こそが、わたしにとり至福のときだからだ。

老いてこそ、ひとりだからこそ、やれることはたくさんある。

人に求めるのをやめて、自分の内なる世界に目を向け、至福の老後を送りたい。

6章

人生は「70歳から」がおもしろい

――幸せは身近にある

「高齢者の自覚はないけれど」75歳だから気づいた優しい世界

●ジェットコースターのような一日

年の話はしたくないが、最近、自分でもびっくりするほど、あるべきものが見つからないことが多くなった。

「あれ？　あれ、どこだったかしら。さっき、ここで使っていたのに。あれ？　しまったのかしら。どこへ？」

シャンソンの曲に中高年の物忘れのひどさを歌った「あれ、あれ、あれ」というコミカルな歌があるが、わたしの持ち歌にするときがついに来たようだ。

2年前の、まだ母が生きていたときのことだ。その日は出だしはよかった。珍しく早朝に原稿を書き終え気分はすっきり。午後から、母娘撮影のため、母のいる施設に向かう。

主役はわたしではなく、96歳のおしゃれな母だ。女優の写真を撮ったら右に出るものはいない大御所のカメラマン、おしゃれな女性編集者に囲まれ、褒めちぎられ、母は嬉しさのあまり昇天するかと思うほどだった。

撮影も無事に終わり、楽しくも充実した時間を過ごし家路を急ぐ。「ビール、ビール」と口ずさみながら、自宅のドアの前に到着したそのとき、地獄が待ち受けていた。

キーホルダーの中に自宅の鍵だけがないではないか。真っ青になり、バッグをひっくり返して捜すがない。まさに天国から地獄に突き落とされた瞬間だった。気を取り直そうと、スーパーのベンチに腰掛け、頭の中のビデオテープを巻き戻すが、まったく心当たりがない。

何でこんな目にあうのか。もう鍵の110番を呼ぶしかないと諦め、ネットで調べるが、どこがいいのか混乱するばかり。鍵を交換したことのある経験者に電話をして聞くと、「6万円」取られたという。予算2万円のつもりだったので青くなる。

合鍵を預けていた弟に、恥を忍んで電話すると、帰りは夜の11時だというではないか。ここで6万円払うか、夜11時までの6時間をどこかでつぶすか。しかし外は雨だ。お腹はぺこぺこだ。昼間なら映画でも観ればいいが……。

◉もしかして……

駅前のジョナサンで、夕食でもとりながら待つ気で、ひとりトボトボと向かう。

そのとき、ふと、ないに決まっているが、駅に寄ってみる気になる。

何事においても諦めの早いわたしは、電車の中で愛用のメガネを失くしたときも、お気に入りの傘を忘れたときも、届けたことがない。その時点で「ご縁がなかった」ことにして終わる。つまり、面倒くさがり屋なのである。

「鍵を落としたようで」と駅員に言うと、「いつ?」「ついさっきです」。

「どんな鍵?」「自宅の鍵です。鍵の頭に女の子のキャップがついた……」

暗い気持ちで待っていると、不愛想な駅員の手にその子が乗って現れたではないか。まるで、行方不明だった自分の子どもに会ったような感激だ。

「その子です。その子です。ありがとうございます」を連発する。なんてこった、こんな奇跡みたいなことがあるのだ。

でも、実は、わたしが本当に心から「ありがとう」を言いたかったのは、駅員さんではなく、拾って届けてくださった心優しい方だ。勝手な妄想だが、きっと娘さんのいる若いサラリーマンだろう。女の子のキャップが目に入り、無意識で拾って届けてくれたに違いない。これが普通の銀色のむきだしの鍵だったら、誰かに蹴飛ばされていただろう。

ああ、日本人は親切だなあ。会ってお礼を言いたいが、まさか、落とし主が70代の高齢者と知ったら、がっかりでしょうね。

6万円を出費することもなく、6時間、雨の外でうろつくこともなく、その日は人の優しさに触れ、大事件の後のビールは言うまでもなく天国だった。

●寂しいお婆さんって

同じ建物に住んでいる5歳ぐらいの男の子の手を引いて外出する母子と、時々エレベーターで出くわすことがある。インド人なのかな。褐色の肌にこぼれそうに大きい黒い瞳。

わたしが「かわいいね」と声をかけると、子どものお母さんから「仕事?」と聞かれたので「イエス」と答えると、「あなた、おしゃれね」と。まさか褒められると思っていなかったので、「仕事のときだけはね」と笑いながら返した。そんな短いやりとりが何回かあった。

先日も友達を駅まで送った帰りに、道で母子二人を見かけたので、声をかけた。ブルーとシルバーの新品の子ども用の自転車にまたがっている僕ははしゃいでいる。いつからここに住んでいるのか聞くと、8年前で、国籍はバングラデシュだという。親子3人で暮らしているのだ。

「わたしは最近、引っ越してきた」と言うと、「旦那は？」と聞かれたので、「離婚したのでひとり」と答えると、顔色を変えて「ごめんなさい。寂しいね」とわたしに謝った。

別に好きで別れたので、それも昔の話、ちっとも寂しくないのだが。すると、彼女は慌ててスマホを取り出し、自分の携帯番号をわたしに示した。

「困ったことがあったら、電話してね。夜中でも何時でも大丈夫だから」と名前まで教えてくれたのだ。

とっさの他人からのしかも外国人からの親切に戸惑う。えっ、わたしって寂しいひとり暮らしの高齢者なの？　高齢者の自覚のないわたしははっとさせられたが、その優しさに胸が熱くなった。

いくつになっても、好きでたまらないことがある

◉若い人たちからの「かっこいい！」の声

わたしのトーク&ライブやSSSのパーティーで使わせていただいたことのある赤坂の会場で集まりがあったため、4年ぶりに出かけた。

振り返ると、コロナが上陸してから、わたしは大好きな音楽から遠ざかっていたことになる。確か、「長生き音頭」を作詞作曲して、SSSの共同墓で歌って踊

ったのが最後だったような気がする。

あれからコロナ禍に入り、「長生き音頭」でＮＨＫの紅白を目指していたはずなのに、テンションは下がる一方で、作曲する意欲も目標も失い、また、老人施設を回って元気を届ける夢も消えた。

自分でも同じ人とは思えないほど、コロナ禍のわたしのテンションは低く、文字通り「歌を忘れたカナリア」状態であった。

そういう状態だったので会場に向かう足取りは重く、挨拶だけして帰ってくるつもりだったが、そこに思いもよらない出会いがあり、わたしのテンションは４年ぶりに上がった。

日焼けした顔にキャップをかぶった南米風のかっこいいおじさんが、にこにこしながらわたしの方にやってくるではないか。

「誰？　ナンパ？　まさか？」。わたしがきょとんとしていると「三ちゃんだよ」と人懐っこい笑顔で寄ってきた。

「三ちゃん？　三ちゃん？　ああ〜」。名前で昔の記憶がよみがえる。何度かバンドでお世話になったギタリストの三ちゃんだ。

わたしたちは昔の同級生に再会したときのように、懐かしさのあまりに、何度も手を取り合った。

「ほら、一緒にコンクールに出たじゃない。楽しかったなあ。もう、10年以上、もっと前になるよね」

「うわ〜覚えていてくれたのね」

当時、オリジナル曲を世に出したい気持ちから「オリジナル曲コンクール」に応募したときに、演奏を手伝ってもらったのだ。あの日の楽しかった記憶がよみがえってきた。

自分で作詞作曲した「スマイル」と「エストロゲンがたりない」の2曲を審査員の前で披露した。今考えると、怖いもの知らずだったからできたことだと、恥ずかしくなる。

なぜなら、このコンテストに応募してきた人たちは、会場に行ってわかったことだが10代、20代のシンガーソングライターを目指す若者ばかりだったからだ。中高年は一組もいない。でも嬉しかったのは、演奏が終わり会場を去るわたしたちの背中に、若者たちから「かっこいい！」の大きな声がかかったことだ。

ああ、あのときの熱い気持ちはどこへ行ってしまったのだろうか。三ちゃんに会ったお陰で、以前の前向きにチャレンジする自分が久々に顔を出した。

◉音楽のある人生は楽しい

家に帰り、本棚である本を探す。大事な本ほど失くす癖があるので不安だったがあった。『人生の午後に生きがいを奏でる家』（中経出版）という単行本だ。ご存じの方も多いと思うが、イタリアの偉大な作曲家ヴェルディが建てた音楽家のための老人ホームの話だ。

10年以上前に、テレビでその老人ホームの存在を知ったときは、鳥肌がたった。

彼は「音楽で生計をたててきた人の老後が惨めではいけない」と私財をなげうって老人ホームを建て、自らのお墓もそこに造りそこに眠っている。月々の費用は本人の年金の8割。つまり、ここでは金持ちもそうじゃない人もなく平等なのだ。この考え方って素敵ですよね。

もし、日本にもこういう老人ホームがあるなら、思い切り芸術の道に進むことができるし、素晴らしい芸術家も育つと思うが、日本の政治家は芸術よりお金？わたしが最も尊敬する舞踏家イサドラ・ダンカンはこう言っている。「芸術はパンや空気と同じで、生きていく上でなくてはならないものです」と。わかるかな？　わからないだろうな。こんなお笑い芸人が昔いたわね。

その老人ホームのお年寄りはこう言う。「ここにいるお年寄りは、皆さん、年をとるのが上手。それは芸術に対する興味があるからよ」と。音楽だけでなく、好きでたまらないことを持続させている人の人生は輝いている。わたしもそんな老後を送りたいと思う。

舟木一夫

●すごい光景！ グレーの世界

先日、大阪の友人から、どんよりした気分を吹き飛ばすような面白いエピソードを聞いたので、皆さんにお裾分けしたい。

友人曰く、1週間ほど前に女友達から、コンサートのチケットがあるが体調が悪くて行けないのであげたいという電話があった。聞くと、大阪フェスティバルホールで行われる舟木一夫のコンサート、8000円の席だという。

舟木さんのファンではないが、舟木一夫なら行ってみたいと、彼女は出かけた。

しかし、会場に到着してびっくり。そこは、大阪中のじじばばが集合したかのようなグレーの世界だったからだ。頭は白髪かつるつる。杖をついた人も多い。「何これ？　わあ、すごい光景！」。自分も同じような年代にもかかわらず驚く友人。でもその感覚、わかりますよね。

SSSの会員の方たちは服装も髪もきれいにしているので、老人くさい人はいないが、一般社会に出ると、同じ年齢なのにあまりにも老けている人が多いのに驚かされる。

同窓会に行ったことのある人は、わかりますよね。女性よりも男性の方が老人になってしまうのは、化粧をしてないせいなのか、とにかく、すごいわよね。

◉ 登場！　80歳の舟木一夫

舟木一夫さんが登場した。わたしたちが年を取ったように、舟木さんも80歳になったとのこと。それを知った友人は「さすがスターやで！　立ち姿がかっこええわ！」と目を見張ったという。

わたしには（デビュー曲の）「高校三年生」のイメージしかないので、80歳の舟木さんが歌う「高校三年生」は想像つかないが、それにしても歌手は大変だ。20曲以上の曲をひとりで歌い続けなくてはならないのだから。そのエネルギーを持ち続けているのもすごい。

後半、赤いジャケットに着替えた舟木さんが再登場。赤は還暦の赤ではなく、魔除けの赤。舞台には魔物が棲んでいると言われているからだ。トークの中で、「入院したときも赤いタオルを持ち込んだ」と話したそうだが、それを聞いた友人は「あんたも入院したんかい」と思ったそうだ。

高齢になれば、誰もが言わないだけで、多少の故障なり、病気を抱えているのが普通だ。コンサートをやり続けている元気そうな舟木さんでさえ、入院した経験があると知り、観客は、どこか、ほっとしたのではないだろうか。

前半は知らない曲ばかりだったが、後半になると知っている曲になったこともあり、隣の席で静かにしていたお婆さんも目が覚めたのか、「高校三年生」の曲になったとたん、大声で歌いだしたという。それにはさすがの友人も「舟木さんの歌が聞こえない」と注意したという。

◉先々に楽しみの種をまこう

友人によると、舟木一夫のコンサートから帰った数日後、今度は神戸に住む友人から「チケットをあげたい」という電話があったそうだ。

「まあ、ラッキー、2度もただでもらえるなんて」

ウキウキしながら誰のコンサートかと聞くと、「舟木一夫」と言うではないか。

「また、舟木一夫?」

わたしは、元気な高齢者のアイドルは舟木一夫さんだと知り、なんだか可笑しくて笑い転げてしまった。こんなにお腹の底から笑ったのは久しぶりだ。

更に可笑しかったのは、神戸の友人が舟木一夫のコンサートに行けなくなった理由が、最初にチケットをもらった大阪の友人と同じ理由、体調不良だったからだ。

70歳を過ぎると、明日の体調はわからない。チケットを購入した3か月前は元気でも、当日、元気とは限らない。けれども、先々に楽しみの種をまいておくのは大事だ。たとえ当日行けなくなったとしても、その日までわくわくした気持ちが楽しめる。そのための8000円だと思えば、チケットを買った意味があるというものだ。

70歳以上の皆さん、落ち込んだときは「ふなき～～」とベランダから叫んでみよう。

「ありがとう」だけでは足りなくて。「今日も良い日で！」

◉イケメンに声をかけられる

自分が年を取ったせいか、最近の若者を見ていると異次元の人間としか感じられない。優先席にドカッと座っても平気な若者。自宅ではないのに大股広げて、公共意識ゼロだ。どんな親に育てられたのか。

若い女性も同じだ。混んでいる電車に乗客が乗ろうとしているのに、ドアの前にガンと立っていて一歩も下がろうとしない、髪が命の女性たち。言葉を知らない蠟人形のようだ。若くてきれいだから何なのよ。

いつの時代もシニアになると、若者が宇宙人に見えてしまうのだろうか。

でも、先日、そんなうんざりする気分を吹き飛ばす嬉しい出来事が二つあった。

武蔵野線の昼間の車内で、ドア付近のつり革につかまっていると、わたしの前の席に、スマホではなく本を読んでいる若い男性が座っていた。すると、その若者が、何かわたしに伝えたいそぶりをしたのだ。

「えっ、なに？」。小さな声なので聞き取れない。状況がつかめずに首をかしげていると、彼は、自分の座席を指さして「席を替わりましょうか」と言うではないか。

品の良い顔立ちと姿の静かな青年から突然言われたため、面食らう。本来なら座るべきだが、反射的に「大丈夫です。すぐ降りますので」と言ってしまった。

実はわたしはとても動揺していた。「席を譲る？　えっ、そんなに年寄りに見えたの？　ショック！　ニット帽にスニーカーにマスクをしているので年齢はわからないはずなのに……。それに、どこに行っても姿勢がいいと褒められるのに……。ああ、彼から見たら、ただのお婆さんなのね。姿勢を保つ努力をしている自分が悲しい～～」。

認めたくない現実を突きつけられた気がした。自問自答している間に、バツが悪いことに、彼の隣の席が空いてしまった。しかたないので座った。すぐ降りると言っていたので、なんだか照れる。そこから、自然と武蔵野線の話になった。彼は、初めて武蔵野線を利用したそうだ。お婆さんは得意になって孫に説明を始めた。

「東京に出るのも便利だし、埼玉もいい所よ」

会話が弾む。ゆきずりの恋。フランス映画のワンシーンのようで、つかの間のウキウキする時間を楽しんでいるうちに、降りる駅が見えてきた。

お婆さんは、降り際に、「ありがとう」だけでは足りない気がしたので、一言付け加えた。

「ありがとう。今日も良い日でね!」。ホームに降り立つと、いつもの味気ない駅が輝いて見えた。

◉ 素敵なコーヒー店

良いことは重なるようだ。駅前にチェーン店ではないコーヒー専門店がある。ただ、チェーン店と比べると値段が高いので、ほとんど利用したことがない。

先日、たまには、美味しいコーヒーをと思いたち、お店に行くと満席で入れなかった。高いだけあり、店内で焙煎しているのでお店中に香りが充満していて、安らぐ。

1週間後に行くと、ドアを開けるなり、オーナー(男性)が出てきて、「先日は申し訳ございませんでした」と、恐縮するぐらい頭を下げられ、逆にびっくりさせられた。常連でもない客の顔を覚えているのはすごい。

数日後、近所の友人と食事をしたあと、二人で行ったところ、珍しく席が空いていた。「どこでもお好きなところに」とスタッフの女性。混むことがわかっているので、わたしたちは4人席ではなく2人席に座ろうとすると、スタッフは4人席を促し、「ゆっくりしていってください」と言うではないか。お客第一のオーナーの姿勢がスタッフにまで浸透している。

「お客の気持ちがわかる素晴らしい対応ね。もうチェーン店には行けないわね」と人間観察が趣味の二人は感激する。あまりの気分の良さに、コーヒーだけでなく、蒸し饅頭1個を二人で分けて食べることにした。すると、二つに切り分けた蒸し饅頭が別々のお皿に載って出てきたではないか。

「切り方が悪くてすみません」と言葉を添えて。ちょっとせこい自分たちが恥ずかしくなった。

その日、わたしたち二人の会話が盛り上がったのは言うまでもないことである。

77歳のドキドキ体験。初めてのグータッチ！

◉お気に入りのキッズ用メガネが……

3年ぶりに、群馬の友人がわたしの家に遊びに来ることになり、大宮駅まで迎えに行った。待ち合わせは中央改札JR乗り換え口。わたしが友人の家に行くときは、素敵な車で高崎駅まで来てくれるので、こちらに来るときぐらいは、大宮駅まで迎えに行ってあげたいと思ったからだ。

群馬県人の主な移動手段は車だ。そうそう、群馬県の特産物というか、誇れるものはなにか、知っていますか？　それは、コンニャクではなく道路らしい。群馬は日本一、道路が舗装されているらしい。

これは、群馬県出身の総理大臣（中曽根氏、福田氏、小渕氏）と関係がありそうだ。


しかし、わたしも新幹線は時々利用するものの、大宮駅構内のことに詳しいわけではない。中央改札ＪＲ乗り換え口を自分から指定したにもかかわらず、友人が5分過ぎても10分過ぎても現れず不安になる。

慌てて電話をすると「着いているわよ」。あとでわかったが、中央改札というのはなく、南と北とに分かれていて……、ああ、大宮駅はわかりにくい。

何度も駅員に聞き、彼女が立っている改札まで汗だくでたどり着く。改札口や乗り換え口がたくさんある駅での待ち合わせは避けるべきだったと後悔しながら。

会えてほっとしたのも、つかの間、今度は在来線に乗るためにＳｕｉｃａ（スイカ）を出そうとすると、メガネがないことに気づく。いつもは首からつるしているのだが、その日はおしゃれをしていたので、ポケットにしまっていたのだ。先ほど、立っていた付近を捜すがない。お気に入りの黄色いフレームのキッズ用メガネ。友人には悪いので平静を装ったが、わたしのがっかり度は計り知れなかった。

◉落とし物センターに寄る

それから数日後、仕事で大宮駅を通ったとき、ダメもとでいいから「落とし物センター」に寄ってみた。これまでに、電車の中で傘を忘れたり、メガネを失くしたりしたことは何度かあるが、一度も「落とし物センター」を訪ねたことはなかった。

わかりにくく暗い場所にあったセンターのドアの前に立つと、ひとりずつ入室するらしく、わたしはドアの外で待つことになった。

しかし、前の人がバッグをいじったりしていて10分ぐらい出てこない。「何しているのかしら?」。落とし物らしき財布のようなものがテーブルの上にあるのが見える。

いつものわたしなら、しびれをきらして帰るところだが、その日は、なぜか辛抱強く待った。そして見るからにクレーマーのような男性が出たあとに入室した。

駅員さんは疲れた顔をして「すみませんね。お待たせして。身分証明書がないと渡せないのに……。わかってもらえない」とこぼした。「大変でしたね」と労をねぎらう。

落とし物について「いつ? どこで?」と聞かれたので的確に答える。駅員さんはパソコンで探し始めた。メガネの特徴を聞く。「黄色のフレームの子ども用のメガネです」と間髪をいれずに答える。

すると、彼は引き出しの中からビニール袋を取り出した。「あるの? まさか」。えっ、他の大人のメガネと交じって黄色いあの子がいるではないか。ああ、日本人も捨てたものではない。届けてくれた親切な人がいたのだ。

捜索願を出していた子どもに会えた気分で、死ぬほど「ありがとう」を言うと、嫌なお客の後だったせいか、駅員さんは爆発するような笑顔で、わたしに両こぶしをつきだした。

一瞬とまどったが、テレビで見たことのある「グータッチかな」と思い、やったことがなかったが、こぶしを合わせた。

まさか、初めてのグータッチを見知らぬ駅員さんとやるとは。人生は何が起こるかわからないものだ。

70歳からは、幸せを見る目だけあればいい

◉美しい景色を探すな

先日もいつものように、カフェオレとはちみつたっぷりのトーストで朝食をとりながら、新聞を読んでいると、突然、素晴らしい言葉が目に入り、思わず、新聞の片隅にメモした。

なんかの広告で、ゴッホの言葉を引用したらしいが、あまりにも、今のわたし

の心境にぴったりな言葉だったので響いた。その言葉とは――。

「美しい景色を探すな。景色の中に美しいものを見つけるんだ」である。幸せの目で見れば、名もない日も輝いてみえる、という意味らしい。

修道女だった渡辺和子さんのベストセラー『置かれた場所で咲きなさい』（幻冬舎）と言いたいことは同じだが「景色の中に美しいものを見つけるんだ」の表現の方がわたしは好きだ。

日常を不満の目ではなく、幸せの目で見れば、同じ毎日も輝いてみえる。美しいものは外にあるのではなく、ここにある。すべては、自分の心の目、次第。

わたしはイベント型人間なので、マンネリ化した生活が苦手だ。今の家で、このまま、老後を送るのはつまらないと思っているし、老後のパラダイスをいつも外に描いている。哲学者に言われるまでもなく、わたしは、自分の手元を見ることなく、絶えず「美しい景色」を探している。

◉自分次第でいつでもどこでも幸せになれる

近所に、静かに、ひっそりとひとり暮らしをしている高齢の方がいる。何をしているのだろうか。うちの母に聞いた話では、「ほとんど外に出ずに、介護用品に囲まれて暮らしている」と冷ややかだった。

外出は年に一度の氷川きよしショーを観にいくときだけで、あとは、ほとんど家にいるということだ。

毎日、家の中で飽きないのか。もしかして、ただ食べて出している生活なのか。手芸や読書は目が悪いのでしていそうもない。

実は、一度、その方にお会いしたことがある。そのときの印象は「穏やかで素敵な方」である。気の強いうちの母とは対照的な柔和な風貌だったのをよく覚えている。

もしかして、彼女こそがゴッホの言葉を生きている人なのかもしれない。

人は外から見ただけではわからないし、他人が判断するものではないだろう。どんな生活をしていても、そこに幸せを見つけられた人を幸せというのだ。稼ぎのいい夫がいなくても、かわいい孫がいなくても、賃貸アパート暮らしでも、年金が少なくても、友達がいなくても、大病をしていても……。自分次第でいつでもどこでも幸せになれるということをわたしは教わった気がした。

頭でわかっても、そのような心境に至るのは難しいが、その境地を目指さないかぎり、幸せな老人にはなれないのかもしれない。

ゴッホか。久々にゴッホに会いに、美術館にでも出かけてみようかしら。素敵な言葉に出会った喜びに震えた朝だった。

おわりに
残りの人生、びくびくして生きる？どんと構えて生きる？ほら、笑って！

◉大事なのは生き方だ

「手ぶら暮らし」というタイトルから、モノを持たない生活の話だと思った方もいると思うが、この本は、終活や断捨離を勧める本ではない。はっきり言って、それらはたいしたことではない。木で言えば、枝葉だ。大事なのは根だ。そして根となるのが、生き方だ。老いをどうとらえているのか。どういう姿勢で生きているのかだ。

今回の本の取材で出会った方々は、皆さん、迷いなくポジティブに自分の人生を生きている方たちばかりだったのは、嬉しい誤算だった。

取材の中で、「ひとりだから」、「賃貸住宅だから」、「身内がいないから」、「貯金や年金が少ないから」などの条件は、不安な老後の言い訳にはならないことを学ばせてもらった。

●いきいきと暮らしている人の共通点

そして、いきいきと暮らしている皆さんにはある共通点があることに気づいた。

それは次の3点だ。

1　足るを知る　仏教用語でいうところの「少欲知足」。欲が少なく、足りていることを知っていること。「洋服を買わない」という人が多かったが、ケチでも節約家でもなく、少欲な人。物欲から解放されているからなのである。

2　感謝の心　何事にも感謝しながら暮らしている方が多かった。友達だけでなくコンビニのお兄さんにも感謝、お茶に誘ってくれた人に感謝、足は悪いが杖で歩けることに感謝、ご飯がおいしいことに感謝、道で会う野良猫にも感謝。年を取れば取るほど、感謝の度合いが多くなっているように感じた。

3　好きなことがある　皆さん、好きなことを持っていた。時間をつぶすために暮らしているような人はいなかった。幸せの近道は、好きなことがあることのようだ。

お金があるとかないとか、持ち家があるとかないとか、身内がいるとかいないとか、生きていると心配は尽きない。けれども、70歳を過ぎたら、ここまで生きて来られただけで感謝。先のことを心配してもなるようにしかならない。死ぬときは死ぬ。残りの人生をびくびくして生きるか、どんと構えて生きるか、決めるのはあなただ。ほら、笑って！　笑顔で過ごしましょうよ。

取材に快く協力してくださった皆様、ありがとうございました。皆様のお陰で、素敵な本ができたことに感謝です。なお、お名前は千葉好さん以外の方は、仮名とさせていただきました。

この2年間、わたしは絶不調だったため「もう書き下ろしは無理」と、年齢のせいにして締め切りを延ばしに延ばしてしまった。それにもかかわらず、辛抱強く付き合ってくださったSBクリエイティブの美野晴代氏にも感謝しています。

この本を書くチャンスをいただき、わたしはよみがえりました。年なんか関係ないわ。

2024年秋

松原惇子

著者略歴

松原惇子（まつばら・じゅんこ）

ノンフィクション作家。1947年、埼玉県生まれ。昭和女子大学卒業後、ニューヨーク市立クイーンズカレッジにてカウンセリングで修士課程修了。39歳のとき『女が家を買うとき』（文藝春秋）で作家デビュー。3作目の『クロワッサン症候群』（文藝春秋）はベストセラーに。1998年には、おひとりさまの終活を応援する団体、NPO法人SSS（スリーエス）ネットワークを立ち上げる。『ひとりで老いるということ』、『孤独こそ最高の老後』、『極上のおひとり死』（SB新書）、母・松原かね子氏との共著『97歳母と75歳娘　ひとり暮らしが一番幸せ』（中央公論新社）など、著書多数。

70歳《さい》からの手《て》ぶら暮《ぐ》らし

2024年10月11日　初版第1刷発行
2025年3月15日　初版第3刷発行

著　者　松原惇子《まつばらじゅんこ》

発行者　出井貴完

発行所　SBクリエイティブ株式会社

〒105-0001　東京都港区虎ノ門2-2-1

装　丁　小口翔平（tobufune）

本文デザイン・DTP　株式会社キャップス

編集担当　美野晴代

印刷・製本　株式会社シナノパブリッシングプレス

本書をお読みになったご意見・ご感想を
下記URL、またはQRコードよりお寄せください。

https://isbn2.sbcr.jp/22602/

ISBN 978-4-8156-2260-2